02/2010

Geladen zum Tisch des Herrn

Grundkurs Liturgie – Band 3

Martin Stuflesser · Stephan Winter

Geladen zum Tisch des Herrn

Die Feier der Eucharistie

Verlag Friedrich Pustet · Regensburg

Bibliografische Information Der Deutschen Bibliothek
Die Deutsche Bibliothek verzeichnet diese Publikation
in der Deutschen Nationalbibliografie;
detaillierte bibliografische Daten sind im Internet über
http://dnb.ddb.de abrufbar.

www.pustet.de

ISBN 3-7917-1897-5
© 2004 by Verlag Friedrich Pustet, Regensburg
Umschlaggestaltung: Martin Veicht, Regensburg
Umschlagmotiv: 1 Kor 11,26. Bilder zur Bibel
                    © Evita Gründler, Regensburg
Gesamtherstellung: Friedrich Pustet, Regensburg
Printed in Germany 2004

Inhalt

Vorwort

Liebe Leserin! Lieber Leser!

Wenn sich am Abend des Gründonnerstags Christen auf der ganzen Welt zur Feier des Letzten Abendmahles versammeln, hören sie in der römisch-katholischen Tradition das folgende Gabengebet:

> „Herr, gib, dass wir das Geheimnis des Altares ehrfürchtig feiern;
> denn sooft wir die Gedächtnisfeier dieses Opfers begehen, vollzieht sich an uns das Werk der Erlösung."

Von Anbeginn versammeln sich Christen am ersten Tag der Woche zur Gedächtnisfeier von Leiden, Tod und Auferstehung Jesu Christi. Sie trafen sich und tun es bis heute, um in der Schrift zu lesen, in den Anliegen der Welt zu beten, ein großes Lob- und Dankgebet über Brot und Wein zu sprechen und in der Form des gemeinschaftlichen Mahles den Tod und die Auferstehung Jesu Christi zu feiern. Die vielen Namen dieser Zusammenkunft weisen auf verschiedene inhaltliche und theologische Akzente hin: „Brotbrechen, Herrenmahl, Darbringung, Abendmahl, Messe, Eucharistie, …".

Der dritte Band des „Grundkurses Liturgie" (GKL) widmet sich der Erklärung dieser liturgischen Feier, von der das letzte Konzil sagt, sie sei Quelle und Höhepunkt allen Tuns der Kirche (vgl. Lumen Gentium, Art. 11). Streifzüge durch die Liturgiegeschichte, die einen Einblick in große historische Entwicklungslinien der Feiergestalt eröffnen, und Überlegungen zu ausgewählten Schwerpunkten der Eucharistietheologie dienen dem Anliegen, die heutige Feier tiefer zu erschließen. So enthält dieser Band unter anderem folgende Themen:

– „Tut dies zu meinem Gedächtnis." – Der biblische Ursprung der Eucharistiefeier
– Die Eucharistie in der frühen Kirche – ein Maßstab für heute?!

– Zugegen in Brot und Wein – was ist unter „Realpräsenz" zu verstehen?
– Die Eucharistie – ein Opfer?
– Gemeinsame Eucharistie in getrennten Kirchen?

Möge dieser Band des Grundkurses Liturgie dazu verhelfen, dass wir noch bewusster in die Antiphon zur Gabenbereitung am Gründonnerstag einstimmen können:

> „Seht, uns führt zusammen Christi Liebe,
> lasst uns fröhlich singen und in ihm uns freun.
> Fürchten wir und lieben wir den Gott des Lebens,
> und einander seien wir reinen Herzens gut."

Münster, am Gründonnerstag 2004   Stephan Winter
                                              Martin Stuflesser

1 „Tut dies zu meinem Gedächtnis"
Biblische Grundlagentexte zum Verständnis der Eucharistiefeier

Wer heute eine römisch-katholische Messe mitfeiert, tut dies in aller Regel gemäß der Form, wie sie seit den Reformen im Gefolge des II. Vatikanischen Konzils (1962–1965) üblich ist. Diese Feier besteht aus vier großen Teilen:

Eröffnung	Wortgottesdienst	Eucharistie	Abschluss

Jeder dieser Teile enthält wieder eine Reihe von Feier-Elementen, die der dialogischen Grundstruktur der Liturgie entsprechend angeordnet sind (vgl. GKL 1/S. 57–62): Gott wendet sich uns zu und schenkt uns sein Heil (katabatische Dimension der Liturgie, hier dargestellt durch das Symbol „ ↓ "); wir antworten auf Gottes Zuwendung mit Lobpreis und Bitte (anabatische Dimension, „ ↑ "); Gottes Geist durchdringt unsere Lebenswelt und vor allem unsere zwischenmenschlichen Beziehungen (diabatische Dimension, „↔ "):

Eröff-nung	Kreuzzeichen + Gruß / Einführung	↓ / ↔	sich vergewissern, dass Gott die Gemeinde gesammelt hat; sich als Gemeinde finden; inhaltliche Einstimmung
	Schuldbekenntnis	↑[/↔]	Bekenntnis dessen, was die Versammelten von Gott und untereinander trennt
	Kyrie	↑	Huldigung für den in seiner Gemeinde gegenwärtigen Herrn Jesus Christus
	Gloria	↑	Lobpreis Gottes
	Tagesgebet	↑	Bündelung der Eröffnung

Wort-gottes-dienst	1. Lesung: AT (Osterzeit: Apg)	↓	Verkündigung des Gottes-wortes
	Antwortpsalm	↓/↔/↑	Die Gemeinde eignet sich das Wort Gottes der 1. Lesung an, verbindet es mit der eigenen Lebenswelt und antwortet Gott auf sein Wort; sie tut dies mittels eines von Gott geschenkten Gebetes aus der Heiligen Schrift
	2. Lesung: NT	↓	Verkündigung des Gottes-wortes
	Halleluja / Ruf vor dem Evan-gelium	↑	Christusakklamation
	Evangelium	↓	Verkündigung des Gottes-wortes
	Homilie	↔	Auslegung des Gotteswortes oder eines anderen gottes-dienstlichen Elementes (Mystagogie)
	Credo	↑/↔	Gemeinde bekennt ihren Glauben
	Allgemeines Gebet / Fürbitten	↑	priesterlicher Dienst des ganzen Gottesvolkes im bittenden Eintreten für die Anliegen von Kirche und Welt
Eucha-ristie-feier	Gabenbereitung Gabenprozession Gabengebet	↑	Herbeibringen und Bereit-stellen der Gaben, um mit ihnen zeichenhaft das ge-samte Dasein der Menschen und die –Schöpfung Gott hinzugeben

	Eucharistisches Hochgebet Eröffnungsdialog Präfation Sanctus Postsanctus Bitte um die Wand- lung der Gaben von Brot und Wein Einsetzungsbericht Kommunionbitte Schlusslob Amen	↑/↓	nach Aufruf und Einladung zum Gebet preisendes Gedächtnis des Pascha- mysteriums und Bitte um Wandlung der Gaben und der Mahlteilnehmer in der Kraft des Heiligen Geistes; Gebet wird durch den Priester vor- gebetet und durch das Amen der Gemeinde bestätigt
	Kommunion Vaterunser	↑	Vorbereitungsgebet
	Friedensgruß	↑/↔	Bitte, Gottes Erbarmen und Frieden weiterschenken zu können, und Ausdruck der Versöhnungsbereitschaft in der Gemeinde
	Brotbrechung / Agnus Dei	↓/↔	Symbol der Einheit derer, für die Christus sich hat zer- brechen lassen und an die er sich austeilt
	Kommunion	↓	Empfang und Verzehr der Mahlelemente
	Danksagung	↑	Dank für Christus, der sich selber verschenkt, in Stille oder durch einen Gesang
	Schlussgebet	↑	Bündelung der Kommunion
Ab- schluss	[Vermeldungen] Segen Entlassung	↓/↔	Segen und Sendung hinein in den Alltag
	Auszug / Gesang	↑/↔	Dank und Ausklang

Die beiden großen Teile der Messe – der Wortgottesdienst und die „eigentliche" Eucharistiefeier – verhalten sich nochmals wie zwei aufeinanderfolgende Schritte eines Kommunikationsgeschehens: Die Feier des Wortes Gottes ist vor allem durch die heilende und befreiende Zuwendung Gottes in und durch die Verkündigung der Heiligen Schrift geprägt. Und dieses Wort Gottes, das in die versammelte Gemeinschaft der Getauften hinein gesprochen wird, fordert zur Antwort heraus. Diese Antwort kann alleine darin bestehen, in den Gaben von Brot und Wein unser ganzes Leben und die ganze Schöpfung dankbar und vertrauensvoll vor Gott zu tragen. Damit lassen wir uns mit hineinnehmen in die Lebenshingabe Jesu, der sich am Kreuz für das Heil der Welt ganz und gar in die liebenden Hände seines Vaters hat fallen lassen.

Diese Abfolge ist nun keineswegs durch das Zweite Vatikanum eingeführt worden, sondern ist im Gründungsgeschehen unseres Glaubens verwurzelt. Dementsprechend können wir sie schon in den neutestamentlichen Texten erkennen, etwa, wenn wir einen Blick in die bekannte Emmaus-Geschichte in Lk 24 werfen: Zwei Jünger sind nach dem Tod Jesu enttäuscht und frustriert auf dem Weg von Jerusalem nach Emmaus. Jesus, den sie zunächst nicht erkennen, wandert mit ihnen. Er deutet die Ereignisse der letzten Tage im Licht der Schrift. Später erkennen die Jünger ihn doch – beim Brechen des Brotes.

Wichtig sind hier zunächst zwei Beobachtungen:

(1) Die Mutlosigkeit und das Unverständnis der Jünger wird aufgefangen durch die Erklärung der Geschehnisse um Jesus von Nazaret. Diese Erklärung legt, wie es heißt, „[…] ausgehend von Mose und allen Propheten, [dar] was in der gesamten Schrift über ihn geschrieben steht" (Lk 24,27). Wenn im Text dabei auf Mose und die Propheten angespielt wird, so bezieht sich dies auf die Schriftlesung zur Zeit Jesu in der Synagoge: die Tora-Lesung aus den ersten fünf Büchern der Bibel und die Propheten-Lesung.

(2) Diese Belehrung durch das Zeugnis der Schrift reicht offenbar nicht aus; sie mündet vielmehr in das gemeinsame Mahlhalten

mit dem Auferstandenen, und – man könnte sagen: dies ist die theologische Sinnspitze – erst im Moment des Brotbrechens, da das Brot genommen wird, ein Lobpreis darüber gesprochen wird und das Brot geteilt wird, erkennen die Jünger den erhöhten Herrn. Die Verkündigung des Wortes Gottes und die Feier des Mahles, in dem der Herr selber Gastgeber und Gabe ist, sind also aufs Engste miteinander verknüpft.

Wie in den beiden ersten Grundkursbänden soll es auch in diesem Band zur Eucharistie wieder darum gehen, die innere Dynamik der Feier, wie wir sie in der Gegenwart begehen, transparent zu machen, mystagogisch zu ihrem Geheimnis hinzuführen: damit uns das Herz mehr und mehr brennend werde und uns beim Brechen des Brotes die Augen aufgehen dafür, wie nahe uns der Herr ist.

1.1 Das „Geheimnis unseres Glaubens"

Der Zusammenhang von Jesu Kreuzestod, seiner Auferweckung und der Eucharistie

In unseren Gemeinden gibt es sie noch – wenn auch mancherorts nur an hohen Feiertagen: die so genannten eucharistischen Andachten. In deren Mittelpunkt steht die Anbetung der Hostie, die in einer Eucharistiefeier in den Leib Christi gewandelt wurde. Sie wird der versammelten Gebetsgemeinschaft in einer Monstranz – einem meist kostbar gestalteten Zeigegerät (lat. *„monstrare"* – zeigen) – vor Augen gestellt. Am Ende steht der Segen mit der Monstranz, zu dem dann zwei Strophen des alten Hymnus *Pange lingua* gesungen werden: das so genannte „Tantum ergo". Seit dem 15. Jahrhundert ist dieser Brauch bezeugt. Hier ist der gesamte Hymnus im lateinischen Original und in einer deutschen Kirchenliedübersetzung, die zum Teil recht frei ist, abgedruckt (vgl. auch die Fassung im GL Nr. 544):

(1) Pange, lingua, gloriosi
corporis mysterium,
sanguinisque pretiosi
quem in mundi pretium
fructus ventris generosi
Rex effudit gentium.

Preise, Zunge, das Geheimnis
dieses Leibs voll Herrlichkeit
und des unschätzbaren Blutes,
das, zum Heil der Welt geweiht,
Jesus Christus hat vergossen,
Herr der Völker aller Zeit!

(2) Nobis datus, nobis natus
ex intacta Virgine,

et in mundo conversatus,
sparso verbi semine,
sui moras incolatus
miro clausit ordine.

Uns gegeben, uns geboren
von der Jungfrau keusch und rein,
ist auf Erden er gewandelt,
Saat der Wahrheit auszustreun,
und am Ende seines Lebens
setzt er dies Geheimnis ein.

(3) In supremae nocte cenae
recumbens cum fratribus,
observata lege plene
cibis in legalibus,
cibum turbae duodenae
se dat suis manibus.

In der Nacht beim letzten Mahle,
saß er in der Jünger Schar.
Als nach Vorschrift des Gesetzes
nun das Lamm genossen war,
gab mit eigner Hand den Seinen
er sich selbst zur Speise dar.

(4) Verbum caro panem verum verbo carnem efficit,	Und das Wort, das Fleisch geworden, schafft durch Wort aus Brot und Wein
fitque sanguis Christi merum,	Fleisch und Blut zur Opferspeise,
et, si sensus deficit,	sieht es auch der Sinn nicht ein.
ad firmandum cor sincerum	Es genügt dem reinen Herzen,
sola fides sufficit.	was ihm sagt der Glaub allein.
(5) Tantum ergo sacramentum veneremur cernui,	Darum lasst uns tief verehren ein so großes Sakrament!
et antiquum documentum novo cedat ritui;	Dieser Bund wird ewig währen, und der alte hat ein End. [wörtlich: und der alte Bund geht in den neuen Ritus über/ein]
praestet fides supplementum sensuum defectui.	Unser Glaube soll uns lehren, was das Auge nicht erkennt.
(6) Genitori Genitoque laus et jubilatio,	Gott dem Vater und dem Sohne sei Lob, Preis und Herrlichkeit
salus, honor, virtus quoque	mit dem Geist im höchsten Throne,
sit et benedictio;	eine Macht und Wesenheit!
procedenti ab utroque	Singt in lautem Jubeltone:
compar sit laudatio. Amen.	Ehre der Dreieinigkeit! Amen.

Entnommen aus: Stock, Alex, Poetische Dogmatik: Christologie, Bd. 3: Leib und Leben, Paderborn 1998, 310 f.

Heute betonen wir zu Recht: Für das Verständnis der Gegenwart Jesu Christi in den Zeichen von Brot und Wein ist vor allem entscheidend, dass die gewandelten Gaben eigentlich nicht zum Anschauen, sondern zum gemeinschaftlichen Verzehr bestimmt sind. So hat Jesus den Seinen und damit uns allen aufgetragen: „Nehmet und esset. Dies ist mein Leib …" bzw. „Nehmet und trinket. Dies ist mein Blut …":

Das Charakteristische für unsere Eucharistie ist, dass Jesus Christus

– **sich in den Zeichen von Brot und Wein, die in der Mahlgemeinschaft der Getauften miteinander geteilt und verzehrt werden,**

– **zum Lobe Gottes, des Vaters, selber hingibt und**

– **diejenigen, die ihn selber empfangen, einlädt und befähigt, sich in dieser Weise auch einander und allen Menschen zu schenken.**

Der Hymnus hingegen ist in der Zeit des Hohen Mittelalters entstanden, in der eher die anbetende Verehrung der Gegenwart Jesu im Zeichen des Brotes in den Mittelpunkt der Frömmigkeit gerückt war.

Dennoch erschließt uns das *Pange lingua*, einen ersten Zugang zum Kerngeschehen der Eucharistiefeier: In jeder Eucharistiefeier wird an das Ursprungsgeschehen dieser wichtigsten christlichen Liturgie vor allem innerhalb des großen Gebets erinnert, das der Priester über den Gaben von Brot und Wein spricht, und das wir Eucharistisches Hochgebet nennen. Im so genannten Einsetzungsbericht wird des Geschehens beim Letzten Abendmahl gedacht, auf das die Feier zurückzuführen ist. Dann spricht der Priester: „Geheimnis des Glaubens." Die Gemeinde antwortet: „Deinen Tod, o Herr, verkünden wir, und deine Auferstehung preisen wir, bis du kommst in Herrlichkeit."

Genau um dieses Geheimnis des Glaubens geht es im Hymnus: um das Geheimnis, dass von Jesu Tod und Auferweckung an bis zu seiner Wiederkunft am Ende der Zeit sein „Werk der Erlösung" gegenwärtig bleibt. Dies geschieht immer dann, wenn Menschen sich im Glauben an den Gekreuzigten als Sohn Gottes versammeln und sein Erlösungswerk dankbar loben und preisen. Auf diesem Hintergrund betrachtet kann uns der Hymnus durchaus verdeutlichen, worin liturgietheologisch eine der wichtigsten Fragestellungen liegt, wenn man sich mit der Eucharistiefeier beschäftigt:

? — Wie kann ein Geschehen vor so langer Zeit, wie kann das letzte Mahl Jesu mit seinen Jüngern, wie es *Pange lingua* Strophe (3) besingt, für eine heutige Gottesdienstgemeinde gegenwärtig sein?

— Wie können Ereignisse vergangener Zeiten in einem Stück Brot und in einem Becher Wein, die zum gemeinsamen Verzehr bestimmt sind, so gegenwärtig sein, dass die Gemeinde diese Mahlelemente sogar anbetend verehrt; vgl. die Strophe (5)?

— Woher beziehen denn die damaligen Ereignisse überhaupt ihren hohen Wert?

Pange lingua selber gibt uns bereits einige Hinweise darauf, wie wir den Antworten auf diese Fragen auf die Spur kommen können:

– Im Mittelpunkt des Letzten Abendmahls Jesu stehen offensichtlich „sein Fleisch und Blut", die er den Anwesenden unter den Gestalten von Brot und Wein zu essen gibt, wie die Strophen (3) und (4) ausdrücken.

– Dieser Gedanke scheint eng verbunden zu sein mit der Bereitschaft Jesu, sich selbst, sein Leben hinzugeben: Er hat sich nicht gescheut „zum Heil der Welt" sein Blut zu vergießen, wie Strophe (1) heraushebt – ein Bild für seinen Tod am Kreuz.

– Die Lebenshingabe Jesu am Kreuz ist nicht zu trennen von seinem gesamten Leben seit seiner Geburt, das dazu diente, „Saat der Wahrheit auszustreun", so Strophe (2).

– Außerdem vernetzt der Hymnus das Geschehen beim Letzten Abendmahl mit Gedanken aus dem Alten Testament, für deren Erschließung man allerdings ein gewisses Hintergrundwissen braucht: Strophe (1) besingt Jesus als Herrn aller Zeit, als König aller Welt, den die alten Schriften verheißen; Strophe (3) erwähnt den Verzehr des Lammes, womit knapp auf das Paschamahl, das Mahl zum Gedächtnis des Auszuges Israels aus Ägypten, angespielt wird; Strophe (5) schließlich singt ausdrücklich vom alten und vom neuen Bund und deren Verhältnis zueinander.

Wenn wir also unsere Fragen beantworten wollen, kommen wir nicht umhin, uns mit den biblischen Bezügen vertraut zu machen, die für die Eucharistiefeier eine wichtige Rolle spielen. Die Fragen lassen sich insofern noch etwas präzisieren:

?

- **In welchem Verhältnis stehen die Geschichte Israels mit Gott, Letztes Abendmahl, Tod und Auferweckung Jesu sowie unsere Eucharistiefeier zueinander?**

- **Wie ist Jesu Handeln im Abendmahlssaal und bei seiner Lebenshingabe am Kreuz bzw. Gottes Handeln an Jesus bei dessen Auferweckung und Erhöhung auf dem Hintergrund der gesamten Heilsgeschichte zu verstehen?**

- **Wie kann die Fülle eigentlich vergangener Ereignisse, die offensichtlich das Geheimnis der Eucharistie ausmachen, immer wieder neu gegenwärtig werden?**

Gemäß dem mystagogischen Ansatz unseres Projektes (vgl. GKL 1/ S. 8 f.) ergibt sich die Auswahl der Bibeltexte, die wir heranziehen wollen, aus der Liturgie selber: Am Gründonnerstag, oder: Hohen Donnerstag, feiert die Kirche die Einsetzung der Eucharistie durch Jesus Christus. Die Leseordnung dieses Tages kann uns die maßgebliche Orientierung bieten. Wir steigen mit der Lesung aus dem 1. Korintherbrief ein und geben diesem Text den größten Raum. Anschließend ergänzen und vertiefen wir einzelne Aspekte anhand des Textes aus dem Johannesevangelium und der alttestamentlichen Lesung aus dem Buch Exodus.

1.2 „Denn ich habe vom Herrn empfangen, was ich euch dann überliefert habe ..."

Die älteste biblische Überlieferung vom Letzten Abendmahl im Ersten Brief des Apostels Paulus an die Gemeinde von Korinth

Die zweite Lesung ist am Gründonnerstag dem 1. Korintherbrief entnommen. Diese Lesung setzt direkt bei der Situation einer Gemeinde an, die Eucharistie feiert. Die Worte des Paulus gelten somit prinzipiell auch uns:

1 Kor 11

²³Denn ich habe vom Herrn empfangen, was ich euch dann überliefert habe:

Jesus, der Herr, nahm in der Nacht, in der er ausgeliefert wurde, Brot, ²⁴sprach das Dankgebet, brach das Brot und sagte:
Das ist mein Leib für euch.
Tut dies zu meinem Gedächtnis!
²⁵Ebenso nahm er nach dem Mahl den Kelch und sprach:
Dieser Kelch ist der Neue Bund in meinem Blut.
Tut dies, sooft ihr daraus trinkt, zu meinem Gedächtnis!

²⁶Denn sooft ihr von diesem Brot esst und aus dem Kelch trinkt,
verkündet ihr den Tod des Herrn, bis er kommt!

In diesem Brief liegt uns die älteste neutestamentliche Überlieferung der Abendmahlsworte Jesu vor. In der Korinthischen Gemeinde gab es vielfache Spannungen zwischen einzelnen Gruppierungen, die unter anderem im höchst unterschiedlichen sozialen Status der Gemeindeglieder ihren Ursprung hatten. Da kamen reiche Menschen aus der Oberschicht mit armen Tagelöhnern und Sklaven, von denen es in der großen Hafenstadt nicht wenige gegeben haben dürfte, zum eucharistischen Mahl zusammen (vgl. ausführlicher dazu GKL 1/S. 65–71). Dieses Mahl war wohl so gestaltet (vgl. 1 Kor 11,17–34), dass die rituellen Teile – Brot- und Becherhandlung bzw. die Worte, die diese Handlungen deuten – den Rahmen eines gemeinsamen abendlichen Sättigungsmahles bildeten. Diese Gestalt entspricht dem Muster einer jeden festlichen jüdischen Mahlzeit, die sich vor allem durch Weingenuss auszeichnete:

Grundstruktur der Eucharistiefeier gemäß 1 Kor 11, 17–34 – Alternative 1:

Brotwort/Brothandlung → Sättigungsmahl
→ Becherwort/Becherhandlung

Eventuell hat man dieses Grundmuster einer jüdischen Mahlzeit im heidenchristlichen Milieu Korinths in den Rahmen einer großen Abendmahlzeit mit anschließendem Symposion, also einem ungezwungenen Beisammensein mit offenen Gesprächen und Beiträgen einzelner Teilnehmer, eingebaut. Die heidnische Version solcher Gastmähler kannte ähnliche Formen der Götterverehrung, wie sie Brot- und Becherhandlung im jüdischen Kontext darstellen. Der Ablauf wäre dann so zu denken:

Grundstruktur der Eucharistiefeier gemäß 1 Kor 11, 17–34 – Alternative 2:

Hauptmahlzeit (lat.: primae mensae) → Brotwort/-handlung → gemeinsames eucharistisches Sättigungsmahl aller im Sinne des Dessertganges einer typischen Abendmahlzeit im heidnischen Kulturraum (lat.: secundae mensae) → Becherwort/-handlung → gemeinsames offenes Beisammensein mit Symposioncharakter

Jeder brachte zu diesem gemeinsamen Mahl das mit, was seine finanziellen Möglichkeiten zuließen. Wegen der sozialen Standesunterschiede der Teilnehmenden dürften die Mahlgaben höchst unterschiedlich ausgefallen sein.

Man kann nun zwei Szenarien annehmen: Entweder – *Alternative 1* – haben die Bessergestellten während des gemeinsamen Sättigungsmahles ihre üppigeren und hochwertigeren Speisen und Getränke selber verzehrt, ohne anderen etwas davon abzugeben. Oder – *Alternative 2* – die Reichen sind aufgrund dessen, dass sie über ihre Zeit freier verfügen konnten als Sklaven und Lohnarbeiter, früher am Abend eingetroffen und blieben während der Hauptmahlzeit unter sich. Gleich, für welche Alternative man sich entscheidet: Paulus geht es bei seinem scharfen Tadel offensichtlich darum, dass innerhalb der gottesdienstlichen Versammlung Spaltungen zu Tage treten (vgl. 11,18a), die sozial begründet sind. Er geht sogar so weit, dass er aufgrund dieser Zustände der Versammlung abspricht, überhaupt noch Herrenmahl zu sein (vgl. 11,20).

? **Worauf bezieht sich der Tadel des Paulus an den Korinthern denn genauer?**

Dass Paulus von der Eucharistiefeier als „Herrenmahl" spricht, ist schon ein erster Hinweis auf die Zielrichtung seiner Kritik: Maßstab der ganzen Feier ist der Herr Jesus Christus selber. Paulus ist dezidiert der Meinung, in Korinth könne das Herrenmahl faktisch nicht mehr als solches gefeiert werden, da durch seine konkrete Ausgestaltung einzelne Gemeindemitglieder Schaden nehmen (vgl. 11,17b). Das kann eindeutig nicht der Nachfolge Jesu entsprechen, der doch geboten und vorgelebt hat, dass alle Menschen, sogar die Feinde, zu lieben sind (vgl. unten 1.3).

Die Ursache dafür, dass einzelne Gemeindeglieder Schaden nehmen, ortet der Apostel in einem unangemessenen Umgang mit den Gaben. Diesen Umgang klassifiziert er als Sünde (vgl. 11,27), und diese Sünde unterliegt für ihn dem Urteil des Herrn Jesus Christus (vgl. 11,29.34). – Insgesamt ergibt sich folgender Aufbau des Abschnittes 1 Kor 11,17–34:

Verse	argumentative Funktion
17f/22	*Tadel* der korinthischen Gemeinde aufgrund von Spaltungen, die innerhalb der gottesdienstlichen Versammlung sichtbar werden
20	*Diagnose*: Feier der Korinther ist faktisch kein Herrenmahl mehr
23–25	*Begründung* für den Tadel bzw. die Diagnose durch die Einführung der Abendmahlsüberlieferung
26	*Kommentar* des Paulus zur Abendmahlsüberlieferung
27–34	*Folgerungen* aus der Abendmahlsüberlieferung für die Feier des Herrenmahles

Schematischer Überblick über die Argumentation in 1 Kor 11,17–34

Die Sinnspitze von Paulus' Kritik liegt darin, dass die reichen Gemeindeglieder die sozialen Unterschiede innerhalb der Gemeinde auch noch in die Mahlgemeinschaft hineintragen: Sie machen auf diese Weise den Ärmeren ihren niedrigeren Lebensstandard und Status selbst im Gottesdienst schmerzlich bewusst, da diese entweder weniger, qualitativ Schlechteres oder z. T. sogar gar nichts an Speise und Trank mitbringen können. Der richtige Weg wäre, innerhalb der Feier den Willen zum Teilen auszudrücken, wobei sich dieser Wille dann auch im Alltagsleben bewähren muss.

Jetzt ergibt sich aber hinsichtlich der Argumentation des Apostels Paulus ein Problem, das uns wieder an den Ausgangspunkt unserer Überlegungen zurückführt: die Frage nach dem Verhältnis von Letztem Abendmahl, Tod/Auferweckung Jesu und Eucharistiefeier der christlichen Gemeinde:

? Die Spaltungen in der Gemeinde von Korinth beruhen auf sozialen Spannungen und darauf, dass die Reichen diese Spannungen durch ihr unsensibles und unsolidarisches Verhalten während des Sättigungsmahles mitten in die Eucharistiefeier hineintragen.

– Warum begründet Paulus dann seine Kritik an diesen Zuständen mit Verweis auf Brotwort/-handlung und Becherwort/-handlung Jesu beim Letzten Abendmahl, die doch „nur" den rituellen Rahmen der Mahlzeit bilden? Und:

– Was ist damit genau gemeint, dass diejenigen, die beim Herrenmahl von diesem Brot essen und aus diesem Kelch trinken den Tod des Herrn verkünden?

Paulus' Argumentation mit Hilfe der Abendmahlsüberlieferung ist nur dann sinnvoll, wenn man bei ihm ein bestimmtes Verständnis der Beziehung zwischen den rituellen Teilen der Feier und dem dazwischen liegenden Sättigungsmahl voraussetzt: Die rituellen Akte prägen den Charakter der gesamten Zusammenkunft durch und durch!

Der Schlüssel zum Verständnis ist tatsächlich die Aussage von der Verkündigung des Todes Jesu Christi, die im Essen des Brotes und Trinken des Kelches geschieht (vgl. 11,26): *Verkündigung* ist die Feier des Herrenmahles in *allen* ihren Dimensionen. Brotwort/-handlung und Becherwort/-handlung sind in dem Sinne *Rahmen*handlungen, dass sie für den Gesamtzusammenhang eines jeden Herrenmahles prägend sind. Sie legen die Grundperspektive für die gottesdienstliche Feier insgesamt fest. Alles Handeln im Rahmen eines Herrenmahles der christlichen Gemeinde soll wirklich Ausdruck dessen sein, was Jesus den Seinen beim Letzten Abendmahl zu tun aufgetragen hat.

Dieses Ursprungsgeschehen jeder Herrenmahlsfeier wird dadurch immer wieder neu verkündet, dass die entscheidenden Worte, mit denen Jesus im Abendmahlssaal Brot- und Becherhandlung gedeutet hat, inmitten der Gemeinde ausgesprochen werden. Und durch diese Erinnerung ist das wirksam gegenwärtig, was der Herr in diesem Mahl vorwegnehmend im Zeichen vollzogen hat: sein Tod, die Hingabe seines Lebens aus Liebe, eine Liebe, die sich selbst durch die Gewalt derer, die diese Liebe ablehnen, nicht von ihrem Weg abbringen lässt (vgl. unten 1.3).

Nach Paulus hat die Abendmahlsüberlieferung damit in der Herrenmahlsfeier die Funktion, dass sich die Gottesdienst feiernde Gemeinde immer wieder neu vergegenwärtigt, worauf ihr Zusammensein gründet: Die Gemeinde feiert Eucharistie und ruft dabei das Letzte Abendmahl Jesu als Stiftung dieser Feier ins Gedächtnis. Wie sich dies in der Feiergestalt im Einzelnen darstellt, ist später zu betrachten. Jedenfalls ist das Herrenmahl an erster Stelle Christusgedächtnis: Das Herrenmahl soll in allen seinen Elementen einzig und allein darauf ausgerichtet sein, Leben, Tod und Auferweckung Jesu Christi zu vergegenwärtigen, denn auf diese Ereignisse weist Jesus beim letzten Mahl vorausdeutend hin.

Wenn Paulus davon spricht, er habe den Korinthern das weitergegeben, was er vom Herrn selbst empfangen habe (vgl. 11,2), ist damit übrigens nicht nur gemeint, dass sich die Worte der Abendmahlsüberlieferung über eine Kette von Zeugen chronologisch bis zum Letzten Abendmahl bzw. auf Jesus selber als ihren Urheber zurückführen lassen. Der Hoheitstitel *„kyrios – Herr"* bezeichnet nicht ausschließlich den historischen Jesus des Letzten Abendmahles. Vielmehr ist für Paulus dessen Identität mit dem erhöhten Herrn der entscheidende Punkt: Christus ist inmitten seiner Gemeinde gegenwärtig, vor allem dann, wenn diese gemeinsam das Mahl hält, dass er ihr zu feiern aufgetragen hat. Und genau deshalb, weil diese Identität des geschichtlichen Jesus, der am Kreuz gestorben ist, mit dem nun erhöhten und dereinst in Herrlichkeit wiederkommenden Herrn besteht, kann das christliche Herrenmahl nur auf die beschriebene Weise gefeiert werden.

Paulus verknüpft, so haben wir gesehen, Herrenmahl und Letztes Abendmahl miteinander. Dabei geht es ihm um die Einheit der zur Eucharistie versammelten Gemeinschaft untereinander und mit dem gekreuzigten und erhöhten Herrn. Zwei Mal bringt er deshalb in 1 Kor 11 (vgl. Verse 24 und 25) den Befehl Jesu „Tut dies zu meinem Gedächtnis" und meint damit: „Seid dem Auftrag

Jesu, des Herrn, treu, indem ihr Gemeinschaft – lat.: *communio* – in seinem Sinne und nach seinem Vorbild seid!" Die beiden rituellen Handlungen und deren begleitende Worte *vor* und *nach* der gemeinsamen Mahlzeit machen Brot und Kelch zur geistlichen Speise bzw. zum geistlichen Trank. Wer diese verzehrt, darf gegenüber der Schwester und dem Bruder im Glauben nicht anders handeln, als Christus dies vorgelebt hat: mit Liebe und Barmherzigkeit, eine Liebe und Barmherzigkeit, die den Herrn letztlich ans Kreuz gebracht hat. Diese *Liebes*hingabe Jesu Christi, die zur *Lebens*hingabe geworden ist, verkünden diejenigen, die das Herrenmahl feiern, so 1 Kor 11,26. Gemeinschaft/Communio mit dem Herrn ist nur deshalb möglich, weil dieser im Heiligen Geist als der Erhöhte gegenwärtig ist – als Gastgeber und Gabe zugleich (vgl. 1 Kor 10,21). Aber der Erhöhte bleibt der Gekreuzigte!

? Hat denn das Fehlverhalten der kritisierten Gemeindeglieder von Korinth auch irgendwelche Folgen?

Paulus geht davon aus, dass die Missachtung des Herrenmahles ganz konkrete Folgen für die Betroffenen hat. In der Fortsetzung der Stelle, an der er die Abendmahlsüberlieferung zitiert, heißt es:

1 Kor 11

[27]Wer also unwürdig von dem Brot isst und aus dem Kelch des Herrn trinkt, macht sich schuldig am Leib und am Blut des Herrn.
[28]Jeder soll sich selbst prüfen; erst dann soll er von dem Brot essen und aus dem Kelch trinken.
[29]Denn wer davon isst und trinkt, ohne zu bedenken, dass es der Leib des Herrn ist, der zieht sich das Gericht zu, indem er isst und trinkt.

> ³⁰Deswegen sind unter euch viele schwach und krank, und nicht wenige sind schon entschlafen.
> ³¹Gingen wir mit uns selbst ins Gericht, dann würden wir nicht gerichtet.
> ³²Doch wenn wir jetzt vom Herrn gerichtet werden, dann ist es eine Zurechtweisung, damit wir nicht zusammen mit der Welt verdammt werden.

In Korinth scheint man sowohl vergessen zu haben, dass der erhöhte Herr der gekreuzigte bleibt, als auch, welche Folgen sich daraus ergeben. (Das belegen übrigens auch die ausführlichen Erläuterungen des 1. Korintherbriefes zur Bedeutung des Kreuzes Christi – vgl. 1 Kor 1–4 –, die es sicherlich für ein vertieftes Verständnis der umrissenen Zusammenhänge einmal zu meditieren lohnt.) Vers 11,29 bedeutet dementsprechend, dass von denen, die andere geringachten, der Kreuzesleib Christi nicht richtig eingeschätzt wird, denn dieser Leib wurde doch *für alle* gebrochen (1 Kor 11,24). Getaufte haben Gemeinschaft miteinander im Kreuzesleib, sie stellen diesen Leib in der Welt durch ihr eigenes Leben dar (vgl. auch GKL 2/S. 36 ff.). Sie können dies, weil sie unter den Zeichen von Brot und Wein immer wieder neu Anteil am Leib und Blut Christi erhalten, wie 11,27 betont: Brot und Leib bzw. Wein und Blut sind auf geheimnisvolle Weise miteinander identisch (vgl. dazu unten Kap. 3). Weil dieser Zusammenhang gilt, ergeben sich aus einem unangemessenen Verzehr der Gaben auch unmittelbar Konsequenzen: Das Gericht vollzieht sich bereits, indem man isst und trinkt (vgl. 11,29), und ist nicht etwa aufgeschoben bis zum Tag, an dem Christus wiederkommen wird. Die Folgen einer falschen Herrenmahlspraxis sind schon gegenwärtig spürbar: körperliche Schwäche, ja sogar leiblicher Tod (vgl. 1 Kor 11,30).

? **Meint Paulus denn wirklich, dass diejenigen, die nicht die richtige Einstellung zur Feier des Herrenmahles haben, automatisch bestraft werden, wenn sie Leib und Blut Jesu Christi verzehren?**

Die Ausführungen bezüglich des Fehlverhaltens innerhalb der Gemeinde sind gerade nicht so zu verstehen, dass der unangemessene Verzehr quasi automatisch negative Folgen nach sich zöge. Paulus will vielmehr betonen, dass Herrenmahl und alltägliches Leben der Gemeinde grundlegend zusammenhängen und nicht voneinander getrennt werden dürfen: Feier und Leben stehen in einem wechselseitigen Beziehungsverhältnis zueinander (vgl. GKL 1/S. 65–71). Die geistliche Speise nährt auch den Leib, damit er sich mehr und mehr im und vom Geist Jesu Christi umgestalten lässt.

Im 10. Kapitel des Briefes vergleicht Paulus übrigens den Weg der Gemeinde mit dem Wüstenzug der Israeliten nach der Befreiung aus Ägypten (vgl. 1 Kor 10,1–11): Auch damals habe Gott dem ganzen Volk Gaben vom Himmel geschenkt, aber nicht alle haben später das verheißene Land erreicht. Diejenigen, die sich gegen die Gebote Gottes vergangen haben, sind zuvor umgekommen. Die von Gott gespendeten Gaben führen weder im Fall der Israeliten auf ihrem Wüstenzug noch im Fall der Gemeinde, die das Herrenmahl feiert, automatisch zum Heil. Gottes Geschenk, theologisch gesprochen: seine Gnade, bleibt unverfügbar. Für das Geschenk des Heils müssen sich die Menschen immer wieder neu entscheiden.

Bezüglich der Eucharistieteilnehmer heißt dies: Durch einen unangemessenen Umgang mit den Heilsgaben und folglich mit dem Herrn selber verlassen sie aus eigenem Entschluss den Wirkungsbereich von Gottes Heil – und das kann nur schädlich sein für Leib und Seele. Hinsichtlich der Person Jesu Christi lässt sich formulieren: Er, der Kyrios, ist der Gemeinde durch seine Gegenwart im Mahl nicht völlig ausgeliefert; er bleibt in jedweder Hinsicht noch der Gastgeber, der Herr des Mahles. *Gericht* im Sinne einer korrigierenden Neuausrichtung ist deshalb immer wieder nötig, damit die Gemeinde auf ihrem Weg nicht die *Richtung* verliert (vgl. 1 Kor 11,32) und sich bleibend von der übrigen Welt unterscheidet!

Wir waren *erstens* von der Frage ausgegangen, warum Paulus ein Fehlverhalten während des eucharistischen Sättigungsmahles mit dem Verweis auf die besonderen Handlungen Jesu mit Brot und

Wein beim Letzten Abendmahl begründet, deren doch im rituellen Rahmen des Sättigungsmahles gedacht wird. Und *zweitens* sollte geklärt werden, was die Rede von der Verkündigung des Todes Jesu Christi durch das Essen des eucharistischen Brotes und das Trinken des eucharistischen Kelches genau meint. Unsere Überlegungen haben Folgendes aufgewiesen:

Die Formel von der Verkündigung des Todes des Herrn *bis dass er kommt* macht mit kaum zu überbietender Prägnanz klar, wo das Herrenmahl im Gesamt der Heilsgeschichte und im Leben der feiernden Gemeinde seinen Ort hat:

- **Die Eucharistie ist eine Feier zwischen Tod, Auferweckung und Erhöhung Jesu Christi auf der einen und seiner Wiederkunft am Ende dieser Welt auf der anderen Seite, eine Feier „nicht jenseits von Zeit und Geschichte, sondern hier im Horizont des geschichtlichen Miteinander" (G. Bornkamm).**

- **Dieses geschichtliche Miteinander spiegelt sich, wie für die Korinthische Gemeinde gezeigt, in der konkreten Feiergestalt des Herrenmahles wider, muß sich andererseits aber auch immer wieder neu unter den Maßstab dessen stellen, der Stifter, Gastgeber und Gabe dieses Mahles ist und mit seiner Lebenshingabe aus Liebe die Sinngestalt vorgibt (zu den technischen Begriffen „Sinn- und Feiergestalt" vgl. GKL 1/S. 102 ff.). Deshalb muss sich das Heilsgeschehen, dessen im Ritus lobpreisend gedacht wird, in der Weitergabe der Liebe Jesu, in der Fürsorge und Zuwendung zu den anderen ausdrücken.**

- **Das gesamte Leben der Gemeinde soll zu einem Dasein gemäß dem Tod Christi werden. Die Gemeinde soll durch alle ihre Handlungsvollzüge dieses Ereignis verkünden als etwas, das für ausnahmslos alle Menschen heilbringend ist.**

Nachdem wir uns einigermaßen im Klaren darüber sind, wie Paulus im 1. Korintherbrief das Verhältnis von Herrenmahl und Tod, Auferweckung und Erhöhung Jesu Christi bzw. die Beziehung zwischen der Feier der Eucharistie und den sonstigen Lebensvollzügen der christlichen Gemeinde bestimmt, ist vor allem noch eine Frage offen, die wir bis jetzt stillschweigend übergangen haben:

? **Was meint eigentlich diese merkwürdige Rede vom Brot als Leib und vom Wein als Blut Christi?**

Die Überlieferung vom Letzten Abendmahl und speziell der Worte und Gesten Jesu, die sich mit Brot und Wein verbinden, findet sich im Neuen Testament außer im 1. Korintherbrief in den drei synoptischen Evangelien Markus, Matthäus und Lukas. Uns liegen die Abendmahlsworte Jesu in zwei Grundversionen vor, von denen die eine durch Lukas und Paulus (vgl. Lk 22,19 f/1 Kor 11,24), die andere durch Matthäus und Markus (vgl. Mt 26,26 ff/ Mk 14,22 ff) repräsentiert wird.

Heute lässt sich wohl nicht mehr endgültig klären, welche Version der Abendmahlsworte Jesu die ursprüngliche ist oder dieser wenigstens sehr nahe kommt. Wahrscheinlich enthalten beide Traditionsstränge ältere Elemente, ohne dass man diese zweifelsfrei von späteren Überlagerungen abgrenzen könnte. Entscheidend ist jedenfalls, dass die Überzeugung von der Identität des Brotes mit dem Leib und des Weines mit dem Blut Jesu in den Deute- bzw. Gabeworten Jesu allen Versionen gemeinsam ist!

Bevor wir auf Details eingehen, hier noch einmal zur Erinnerung die Version der zentralen Worte Jesu beim Letzten Abendmahl gemäß dem 1. Korintherbrief:

> Jesus, der Herr, nahm in der Nacht, in der er ausge-
> liefert wurde, Brot, [24]sprach das Dankgebet, brach das
> Brot und sagte:
>> Das ist mein Leib für euch.
>> Tut dies zu meinem Gedächtnis!
> [25]Ebenso nahm er nach dem Mahl den Kelch und
> sprach:
>> Dieser Kelch ist der Neue Bund in meinem Blut.
>> Tut dies, sooft ihr daraus trinkt, zu meinem Ge-
>> dächtnis!

Der Begriff „Leib" – griech.: *„soma"* bezeichnet biblisch immer die Person als ganze, hier also Jesus als den Sprecher dieser Worte, womöglich mit dem Verweis darauf, dass hier ein Mensch spricht, dessen Leib schon bald ein Leichnam sein wird; denn in dieser Bedeutung wird *„soma"* sehr häufig verwendet. Der Ausdruck hebt die Leibhaftigkeit des Menschen hervor: sein Eingebundensein in Raum und Zeit, seine Beziehungen zu anderen Menschen etc. (vgl. GKL 1/S. 29 ff).

Man könnte das Brotwort Jesu also mit „Das [dieses darge-reichte Brot] ist mein Ich" übersetzen und müsste hören: „Ich bin ein Mensch unter Menschen, Geschöpf Gottes, das geboren wurde und sterben wird, das lacht und traurig ist, Schmerzen hat und Freude erlebt ... Und ich bin dieser Mensch als einer, der sein ganzes Leben teilt, alles was er ist und hat zugunsten der anderen einsetzt und freigebig verschenkt. Ihr werdet erfahren: Ich bin so ein Mensch sogar mit der Konsequenz, selbst zum Opfer der Gewalt und der Ungerechtigkeit zu werden, zusammen mit vielen anderen Gepeinigten und Geschlagenen." Der eingangs des Kapitels zitierte Hymnus *Pange lingua* besingt dies in Strophe (2), in der von Jesus gesagt wird: „Uns gegeben, uns geboren von der Jungfrau keusch und rein, ist auf Erden er gewandelt, Saat der Wahrheit auszustreun, und am Ende seines Lebens setzt er dies Geheimnis ein."

Der Ausdruck „Blut" bezeichnet biblisch nichts anderes als „Leib": Wiederum ist die Person Jesu gemeint, diesmal hinsichtlich ihrer Lebenskraft, ihrer Lebendigkeit, die im pulsierenden Blut lokalisiert wird.

? **„Leib" und „Blut" bedeuten Jesus als ganzen Menschen, seine Person. Aber ist damit schon geklärt, was er meint, wenn er sich selbst austeilt – „für euch", wie er der Tischgemeinschaft sagt?**

Jesus lebt und stirbt aus Liebe zu Gott und den Menschen. Die Wendung „für euch" drückt aus, dass er den Tod stellvertretend für die Menschen auf sich nimmt und damit ihre Schuld und Sünde überwindet. Daran gibt er der Mahlgemeinschaft Anteil.

Dieser schwierige Gedanke ist nur auf dem Hintergrund verschiedener Motive zu verstehen, die zum Teil aus dem Alten Testament stammen. Paulus betont innerhalb seiner Argumentation in 1 Kor 11,23, dass sich die von ihm herangezogene Überlieferung auf Jesus selber als ihren Urheber zurückführen lässt. Wir können heute davon ausgehen, dass auch für einen großen Teil dieser Motive gilt, dass Jesus selbst mit ihrer Hilfe seinen bevorstehenden Tod zu deuten versucht hat. Wir wollen wenigstens kurz auf einige dieser Aspekte eingehen:

(1) Paulus schreibt: „Denn sooft ihr von diesem Brot esst und aus dem Kelch trinkt, verkündet ihr den Tod des Herrn, bis er kommt!" (1 Kor 11,26). Paulus versteht also die gesamte Mahlfeier mit allen ihren Dimensionen als ein Verkündigungsgeschehen. Insofern spiegelt sich in diesem Wort die nachösterliche Situation der Jüngergemeinde wider, die als Gemeinschaft derer, die Jesus Christus nachfolgen, dessen Erbe angetreten hat. Diese Gemeinde will seine rettende Lebensbotschaft weitertragen – über den Tod Jesu hinaus. Der Tod am Kreuz ist aus dieser Sicht nicht das Ende für Jesu Botschaft, vielmehr tritt ihre Umsetzung in eine neue Phase: Die Gemeinde übernimmt im Geist Jesu die Aufgabe, das in Jesus

angebrochene endgültige Heil weiter zu verwirklichen. Die Vollendung steht hingegen noch aus; diese wird erfolgen, wenn der Herr wiederkommt am Ende der Zeiten.

Jesus hat während seines öffentlichen Wirkens dieses Heil für alle Menschen und für die gesamte Schöpfung meist mit dem Ausdruck „Reich bzw. Herrschaft Gottes" bezeichnet: Um die Verwirklichung dieses Reiches allumfassender Gerechtigkeit, eines Reiches des Friedens und des Heils für alle Welt geht es ihm und dementsprechend auch denen, die in seine Nachfolge gerufen sind. In die synoptischen Abendmahlsberichte ist deshalb deutlich eingeschrieben, dass mit der Verkündigung des Todes Jesu nichts anderes gemeint ist, als die fortgesetzte Verkündigung der jesuanischen Botschaft von der Herrschaft Gottes. So heißt es in den unterschiedlichen Varianten des Amen-Wortes Jesu:

Mk 14,25

Amen, ich sage euch:
Ich werde nicht mehr von der Frucht des Weinstocks trinken,
bis ich wieder trinken werde im Reiche Gottes.

Lk 22,18

Ich sage euch:
Ich werde nicht mehr vom Gewächs des Weinstocks trinken,
bis das Reich Gottes kommt.

Vgl. auch das Wort Jesu über das Pascha:
Lk 22,16

Ich sage euch:
Ich werde es nicht mehr essen,
bis das Reich Gottes vollendet sein wird.

Jesus drückt gegenüber seinen Jüngern im Angesicht seines Todes aus, dass seine Botschaft, sein gesamtes Leben und Wirken, nicht ins Leere laufen. Die Hinrichtung wird nicht seinen Anspruch durchkreuzen, derjenige zu sein, der von Gott gesandt ist, die Menschen mit Vollmacht zur Umkehr zu rufen; sie mit der Frohen Botschaft zu konfrontieren; im Namen Gottes Sünden zu vergeben und Arme, Hungernde und Weinende selig zu preisen. Der Tod Jesu bedeutet nicht, dass seine prophetische Ankündigung der nahen Gottesherrschaft, die schon in der Gegenwart angebrochen ist, deren Vollendung aber noch aussteht, eine Anmaßung und letztlich ohne Substanz ist.

Für die Menschen heißt das: Im Angesicht des Kreuzes gilt es sich zu entscheiden: für den Weg der dienenden Liebe, die auch vor dem Tod nicht zurückschreckt, oder für den Weg des Verrats an der Botschaft Jesu. Dieser Verrat besteht letztlich darin, Gott nicht zuzutrauen, auch noch im Tod das Leben schenken zu können. Dieser Verrat versteht nicht, dass sich Gott als Gott des Lebens offenbart – mitten im Tod.

Das Reich-Gottes-Wort Jesu bzw. die Rede von der Wiederkunft Jesu Christi zeigen, dass Jesus bei seinem letzten Mahl von der Hoffnung auf Auferstehung durchdrungen war. Ihn erfüllte eine Hoffnung, die er schon während seines öffentlichen Auftretens offensiv verteidigt hat (vgl. das Streitgespräch mit den Sadduzäern Mk 12,18–27). Paulus entfaltet diese Hoffnung in seiner Theologie im 1. Korintherbrief, wenn er schreibt, dass die Auferstehung Jesu der Grund für die Auferstehung aller Toten ist (1 Kor 15,12–34). In diesem Glauben feiert seine Gemeinde das Herrenmahl – und nur in diesem Glauben kann es christliche Gemeinde auch feiern!

(2) Bei Paulus fehlen allerdings jegliche Bezüge speziell zur Exodustradition, die in der ersten Lesung am Gründonnerstag, auf die wir gleich eingehen, im Mittelpunkt steht – ganz anders als in den Evangelien. Ihre Autorität schöpft die von Paulus aufgegriffene Abendmahlsüberlieferung daraus, dass sie sich auf einen Einsetzungsakt durch Jesus „in der Nacht, da er ausgeliefert wurde" (1 Kor 11,23) beruft. Hier ist also nur das

Motiv eines letzten Mahles Jesu mit seinen Jüngern in der Nacht vor seiner Kreuzigung wichtig.

Der *Mahl*charakter der letzten Zusammenkunft des Jüngerkreises ist für Paulus der entscheidende Anhaltspunkt, um das Abendmahl auf der Zeitachse auch nach hinten zu verankern: Die zahlreichen Gastmähler Jesu sind zentraler Teil seiner Verkündigung gewesen. In seinen Mahlgemeinschaften hat er ausgedrückt, worauf es ihm ankommt: den Menschen die barmherzige, zuvorkommende Liebe Gottes zu offenbaren. Seine Gastmähler mit Zöllnern und Sündern, Pharisäern und Schriftgelehrten, Armen und Reichen sind prophetische Zeichenhandlungen, in denen er deutlich macht, wie das Reich Gottes ist.

Zudem hat Jesus das Bild vom Festmahl öfters in seinen Gleichnissen verwendet (vgl. Lk 14,15–24 par Mt 22,1–10; Lk 15,22f). Er konnte hierfür auf entsprechende Vorstellungen des Alten Testaments zurückgreifen, in denen dieses Reich mit einem endzeitlichen Mahl verglichen wird, an dem alle Völker teilnehmen (vgl. Jes 24,23; 25,6ff; Mt 8,11f par Lk 7,29; 13,29) – nicht zur nackten Bedürfnisbefriedigung, sondern um gemeinsam an der Fülle Gottes teilzuhaben; nicht neidvoll, sondern in gegenseitiger Achtung und gemeinsamer Freude. Aber vor allem hat Jesus Feste gefeiert und ganz konkrete Menschen in diese Feiern mit hineingenommen, gerade diejenigen, die ansonsten nicht gern gesehene Gäste waren. Man denke nur an die Zöllner Levi oder Zachäus (Mk 2,15ff par Lk 19,1–10) oder an die Begegnung mit der Prostituierten (Lk 7,36–50). Ganz auf dieser Linie liegt dann ja auch die Kritik des Paulus an der Korinthischen Gemeinde: Keiner ist von Gottes Rettungshandeln ausgeschlossen, und das muss auch sozial, leibhaftig erfahrbar werden in der Gemeinschaft, die Herrenmahl feiert. Gerade der Sünder bleibt nicht draußen: Das Mahl bietet ihm die Chance eines neuen Anfangs, den Gottes Erbarmen ohne Vorbedingungen gewährt.

Das Letzte Abendmahl ist allerdings nicht einfach nur der Abschluss einer langen Reihe von Gastmählern Jesu, ja nicht einmal ausschließlich deren konzentrierte Verdichtung: „Weil

Jesus weiß, dass er stirbt und dieses Sterben aus seiner Sendung folgt, ist das Letzte Abendmahl nicht die Fortsetzung der bisherigen, sondern ihre Summe, und deshalb mehr noch: die Summe seines gesamten Wirkens im Dienst der Gottesherrschaft für Gott und die Menschen ... In den Gaben von Brot und Wein wird sichtbar, dass Jesus sich selbst als Gabe des Lebens, als Spender des Segens und als Mittler der Erlösung gibt." [T. Söding, Eucharistie, 24]. Jesus feiert mit den Seinen also nicht lediglich ein letztes Mahl, um seinem Leben den gebührenden Schlusspunkt zu setzen, sondern übergibt ihnen das, was dieses Leben ausgemacht hat, das Geheimnis seiner Person, zu treuen Händen: nicht, um es für sich zu behalten, als nostalgische Erinnerung, die über den Tod des Geliebten hinwegtröstet, sondern im Vertrauen darauf, dass der Meister und Freund siegen und leben wird.

Die Erinnerung des letzten Mahles ist unabdingbare Voraussetzung dafür, dass die Erinnerung an Jesus insgesamt bleibt und Früchte trägt. Und übrigens ist auch das letzte Mahl eines mit Sündern, wie der Verrat des Judas und die Zweifel der übrigen Apostel, vor allem des Petrus, zeigen (vgl. Mk 14,50.66–72; Mk 14,18–22; Mt 26,21–22; Lk 22,23). Die Apostel repräsentieren wirklich *alle* Menschen – in ihrer ganzen Schwachheit, aber auch in ihrer Sehnsucht nach Heil und Frieden. Wenn nach dem Tod Jesu am Kreuz aus solchen Menschen die Zeugnisgemeinschaft des Reiches Gottes erwächst, dann nur aufgrund des Segens, wie ihn die Gegenwart des erhöhten Herrn spendet.

(3) Der Begriff „jemanden ausliefern, übergeben" tritt in den Texten des Neuen Testaments, die Paulus zugeschrieben werden, an entscheidenden Stellen immer auch in Verbindung mit dem Motiv des so genannten Sühnetodes auf: Nach biblischem Verständnis ist Jesus *für uns* gestorben, um als Sündloser anstelle der Sünder das gestörte Verhältnis zu Gott wiederherzustellen. Dazu ist unten im Kapitel über den Opfercharakter der Eucharistie noch mehr zu sagen. Hier nur soviel: Der Tod Jesu Christi am Kreuz ist die Spitze seines *Daseins-für-die-Menschen*. Jesus existierte ausschließlich als liebender, Gott und den an-

deren zugewandter Mensch. Die christliche Gemeinde hat in ihm deshalb schon früh den leidenden Gottesknecht gesehen, wie ihn das Prophetenbuch Jesaja im so genannten „Vierten Lied vom Gottesknecht" besingt, das uns als Lesung des Karfreitags vertraut ist:

Jes 52/53

52,13Seht, mein Knecht hat Erfolg,
er wird groß sein und hoch erhaben.
14Viele haben sich über ihn entsetzt,
so entstellt sah er aus, nicht mehr wie ein Mensch,
seine Gestalt war nicht mehr die eines Menschen.
15Jetzt aber setzt er viele Völker in Staunen,
Könige müssen vor ihm verstummen.
Denn was man ihnen noch nie erzählt hat,
das sehen sie nun;
was sie niemals hörten,
das erfahren sie jetzt.
…

53,3Er wurde verachtet und von den Menschen gemieden, ein Mann voller Schmerzen, mit Krankheit vertraut.
Wie einer, vor dem man das Gesicht verhüllt, war er verachtet;
wir schätzten ihn nicht.
4Aber er hat unsere Krankheit getragen und unsere Schmerzen auf sich geladen.
Wir meinten, er sei von Gott geschlagen und gebeugt.
5Doch er wurde durchbohrt wegen unserer Verbrechen, wegen unserer Sünden zermalmt.
Zu unserem Heil lag die Strafe auf ihm,
durch seine Wunden sind wir geheilt.
…

> ¹¹Nachdem er so vieles ertrug,
> erblickt er das Licht.
> Er sättigt sich an Erkenntnis.
> Mein Knecht, der Gerechte, macht die vielen gerecht;
> er lädt ihre Schuld auf sich.
> ¹²Deshalb gebe ich ihm seinen Anteil unter den Großen,
> und mit den Mächtigen teilt er die Beute,
> weil er sein Leben dem Tod preisgab und sich unter die Verbrecher rechnen ließ.
> Denn er trug die Sünden von vielen und trat für die Schuldigen ein.

An der oben betrachteten Stelle in 1 Kor wird das Motiv der Hingabe des Gottesknechts aber längst nicht so stark herausgearbeitet wie etwa in der lukanischen Version der Abendmahlsüberlieferung, wo das „und er gab es [das Brot] ihnen" sowie das dem Brotwort hinzugefügte „hingegeben" dieses Moment nochmals explizit benennen:

Lk 22

> ¹⁹Und er nahm das Brot, sprach das Dankgebet, brach das Brot und reichte es ihnen mit den Worten:
>
> > Das ist mein Leib, der für euch hingegeben wird.
> > Tut dies zu meinem Gedächtnis.

Nun abschließend ein paar Bemerkungen zum Becherwort:

(4) In der Version der Abendmahlsüberlieferung bei Paulus kommentiert Jesus die Becherhandlung nach dem Mahl mit den Worten: „Dieser Kelch ist der Neue Bund in meinem Blut." Der Ausdruck „Neuer Bund" schlägt eine Brücke vom Heilstod Jesu zu einem zentralen Text alttestamentlicher Bundestheologie im Buch Jeremia:

[31]Seht, es werden Tage kommen – Spruch des Herrn –, in denen ich mit dem Haus Israel und dem Haus Juda einen neuen Bund schließen werde,
[32]nicht wie der Bund war, den ich mit ihren Vätern geschlossen habe, als ich sie bei der Hand nahm, um sie aus Ägypten herauszuführen.
Diesen meinen Bund haben sie gebrochen,
obwohl ich ihr Gebieter war – Spruch des Herrn.
[33]Denn das wird der Bund sein,
den ich nach diesen Tagen mit dem Haus Israel schließe – Spruch des Herrn:
Ich lege mein Gesetz in sie hinein und schreibe es auf ihr Herz.
Ich werde ihr Gott sein,
und sie werden mein Volk sein.

Der prophetische Text verheißt für die Zukunft einen Bund, der in der Kontinuität des Bundes steht, den Gott mit seinem Volk Israel am Sinai geschlossen hat, als er es aus Ägypten befreit hatte (vgl. Ex 19–34). Die neue Qualität erhält dieser Bund aber dadurch, dass Gott ihn in jeder Hinsicht unverbrüchlich gestalten will: Gott will ihn gänzlich unabhängig machen von äußeren Geboten und Vorschriften. Damit wird seine bisherige Weisung, seine Tora, wie sie vor allem in den ersten fünf Büchern der Bibel vorliegt, nicht überflüssig. Vielmehr ist die Weisung Gottes, die den einzigen Weg zum Leben in Fülle darstellt, in diesem neuen Bund den Menschen so innerlich geworden, ein solches Herzensanliegen, dass ihre Befolgung „in Fleisch und Blut" übergegangen ist.
Liest man diese Verheißung von der Abendmahlsüberlieferung her, ist Jesus Christus der Prototyp des Menschen, der in diesem Sinne Bundesgenosse Gottes ist. Nachfolge Jesu Christi heißt, sich ebenfalls die Weisung Gottes „zu Herzen

gehen zu lassen", sie zuinnerst als Wort des Lebens und des Heiles zu erfahren und dementsprechend zu handeln.

In allen Varianten des Becherwortes werden diese Gedanken durch die Verknüpfung der Ausdrücke „Bund" und „Blut" ausformuliert. Diese Verknüpfung läuft allerdings sowohl im Alten Testament wie auch in Texten des frühen Judentums nicht über die Jeremiastelle, sondern stets über Ex 24, wo vom Bundesschluss am Sinai berichtet wird. Bei Markus und Matthäus wird dies deutlich, wenn dort die Rede ist vom *„Blut des Bundes, das für viele [das meint: für alle] vergossen wird"* (vgl. Mk 14,24 par Mt 26,28). Der Sinaibund stiftet die Beziehung zwischen Gott und seinem Volk. Dieser Bund beruht auf der Befreiung aus Ägypten, einem Leben nach Gottes Weisung, wie sie sich vor allem in den Zehn Geboten ausdrückt, und auf der Verheißung des Landes. In Ex 24 stimmt das Volk, nachdem Gott ihm alle wichtigen Weisungen, auf denen der Bund gründen soll, mitgeteilt hat (vgl. Ex 19–23), diesen Weisungen zu. Mose errichtet am Fuß des Berges einen Altar und zwölf Steinmale, welche die zwölf Stämme Israels symbolisieren. Anschließend lässt er Tiere opfern und vollzieht dann mit deren Blut den folgenden Ritus:

Ex 24

[6]Mose nahm die Hälfte des Blutes und goß es in eine Schüssel,
mit der anderen Hälfte besprengte er den Altar.
[7]Darauf nahm er die Urkunde des Bundes und verlas sie vor dem Volk.
Sie antworteten:
Alles, was der Herr gesagt hat, wollen wir tun.
Wir wollen gehorchen.
[8]Da nahm Mose das Blut, besprengte damit das Volk und sagte:
Das ist das Blut des Bundes, den der Herr aufgrund all dieser Worte mit euch geschlossen hat.

Blut findet kultisch deshalb Verwendung, weil es nach allgemeinem Verständnis Sitz der Lebenskraft ist: Ein Bund, der mit Blut besiegelt wird, ist ein Bund voller Kraft und Frische, voller Dynamik und Entwicklungspotential. Wir werden auf die Funktionen kultischer Opfer noch ausführlich eingehen. Jedenfalls sind sie im Horizont des Alten Testaments symbolische Bestätigung und Erneuerung des Bundesverhältnisses zwischen den Menschen und Gott. In diesen Zusammenhang gehört auch die Verknüpfung von Blut und dem Sühnegedanken (vgl. z. B. Lev 17,11 und entsprechend Hebr 9,22).

Nach Vollzug des Blutritus lädt Gott selber Mose und einige ausgewählte Vertreter des Volkes zum Mahl ein:

Ex 24

[9]Danach stiegen Mose, Aaron, Nadab, Abihu und die siebzig von den Ältesten Israels hinauf,
[10]und sie sahen den Gott Israels.
Die Fläche unter seinen Füßen war wie mit Saphir ausgelegt und glänzte hell wie der Himmel selbst.
[11]Gott streckte nicht seine Hand gegen die Edlen der Israeliten aus; sie durften Gott sehen, und sie aßen und tranken.

Das Letzte Abendmahl ist in den Berichten des Neuen Testaments eindeutig als Bundesmahl gemäß dem Buch Exodus inszeniert: Jesus tafelt mit den Zwölfen, die – wie die Steinmale – für das Volk Israel und letztlich für alle Menschen stehen. Das Blut, in dem der neue Bund gestiftet wird, ist diesmal nicht das Blut von Opfertieren, sondern sein eigenes. Der Hymnus *Pange lingua*, den wir eingangs des Kapitels zitiert haben, drückt dies poetisch aus, wenn er vom unschätzbaren Blut singt, „das, zum Heil der Welt geweiht, Jesus Christus hat vergossen, Herr der Völker aller Zeit!"

? Die biblischen Motive, die mit Jesu Rede vom Brot als seinem Leib und vom Wein als seinem Blut aufgenommen werden, sind jetzt klarer geworden. Aber wie muss man sich im einzelnen die Verknüpfung zwischen Jesu Worten und den entsprechenden Symbolhandlungen während des Mahles vorstellen?

Zur Beantwortung dieser Frage müssen wir noch etwas mehr über die Form des jüdischen Festmahles und die Gebetstexte wissen, die bei den rituellen Handlungen mit Brot und Wein eine Rolle spielen. Wir wollen die Beantwortung verschieben und darauf im 2. Kapitel zurückkommen. Hier nur als abschließende Bemerkung noch so viel: Jesus verändert den Charakter der Mahlzeit dadurch wesentlich, dass er bestimmte, bereits in der Tradition vorliegende Motive aufgreift und durch diese Motive die beiden genannten Mahlelemente neu interpretiert. So bindet er in den üblichen Segen und Dank Worte ein, die Brot und Wein als seinen Leib und sein Blut identifizieren und lässt – entgegen der Konvention – seinen eigenen Becher in der Runde kreisen. Diese Geste unterstreicht die Hingabebewegung Jesu, die er im Mahl ausdrücken will, über das bloße Kelchwort hinaus. Auf diese Weise interpretiert er seinen Tod, den er vorausgesehen hat: Jesus selbst und die Jünger sollen vorbereitet werden auf das, was auf sie zukommt, und eine Möglichkeit bekommen, sich dem so schmerzhaften Geheimnis des Kreuzes anzunähern.

Insgesamt darf man nicht übersehen, dass die Verzehrhandlungen bei den knappen rituellen Formulierungen der Überlieferung mit gemeint sind: Nicht allein das Aussprechen der Worte Jesu und der Nachvollzug der Handlungen mit Brot und Wein stiftet die Beziehung zu Christus und seinem Heilstod, sondern der gemeinschaftliche Verzehr der durch die Segensworte geheiligten Mahlelemente.

 Während des Letzten Abendmahles Jesu werden in Brot- und Becherhandlung bzw. den zugehörigen Worten, in denen Jesus die Gaben als seinen Leib und sein Blut bezeichnet, eine Fülle alttestamentlicher Motive eingespielt. Erst von diesen Bezügen her kann die Eucharistiefeier richtig verstanden werden:

– Im letzten Mahl nimmt Jesus seine Überlieferung durch einen Menschen an seine Richter, die zum Kreuz führen wird, zeichenhaft vorweg. Der Kreuzestod ist auf der Folie des Vierten Gottesknechtsliedes bei Jesaja der Sühnetod des sündlosen Gerechten, der für die Sünder stirbt, der Gipfelpunkt einer Existenz, die ganz im Dasein für die Menschen besteht. In diesem Sterben wird die Beziehung aller Menschen zu Gott ein für allemal wiederhergestellt.

– Im gemeinschaftlichen Verzehr der Mahlgaben erhalten die Gottesdienstteilnehmer im Heiligen Geist Anteil an der Person – an „Leib" und Blut – Jesu bzw. an seiner Hingabe aus Liebe.

– Das Letzte Abendmahl ist Gipfelpunkt der Gastmähler Jesu, in denen er keinen von der Teilnahme ausgeschlossen hat, gerade Zöllner und Sünder nicht. Gleichzeitig verdichtet das letzte Mahl diese prophetischen Zeichenhandlungen Jesu aufs Äußerste und setzt einen neuen Anfang: Es wird zur unüberbietbaren Darstellung der Gottesherrschaft, des Festmahles im Reiche Gottes, im Hier und Jetzt. Diese Herrschaft wird der Auferstandene vollenden, wenn er wiederkommt am Ende der Zeiten.

– Die Eucharistie ist, insofern sie sich auf die Autorität von Jesu Stiftung beruft, Paschamahl des Neuen Bundes, das alle Menschen durch den Tod ins Leben führt. Dieses Sakrament ist und bleibt die Erfüllung der Hoffnungen Israels.

– Die Verknüpfung von „Blut" und „Neuer Bund" im Becherwort stellt das Christusereignis in den Horizont der alttestamentlichen Bundestheologie. Gemäß deren Konzeption kommt der lebendige und

zukunftsorientierte Bund Gottes mit seinem Volk dann zur Vollendung, wenn die Weisungen, auf denen der Bund beruht, den Menschen nichts äußerliches mehr sind, sondern ihnen ganz und gar „in Fleisch und Blut" übergegangen sind – so wie es bei Jesus der Fall war!

Wo eine christliche Gemeinde mit Berufung auf die Autorität des Handelns Jesu im Abendmahlssaal die von ihm geprägten Handlungen mit Brot und Wein praktiziert, lässt sie sich hineinnehmen in das Dasein-für-andere, wie Jesus es gelebt hat, in seinen Kreuzestod und in Auferweckung und Erhöhung, in denen Gott den Gekreuzigten als seinen Sohn bestätigt hat. Im Heiligen Geist werden in der Eucharistiefeier Brot und Wein zu Leib und Blut Jesu, zu Zeichen seiner Gegenwart inmitten der Gemeinde.

Nach diesen ausführlichen Überlegungen zur zweiten Lesung des Gründonnerstags, an dem wir jedes Jahr besonders der Einsetzung der Eucharistie gedenken, bietet sich an, einige Gedanken durch die anderen beiden Lesungen dieses Tages noch etwas schärfer zu konturieren. Zunächst zum Evangelium:

1.3 „Ich habe euch ein Beispiel gegeben, damit auch ihr so handelt, wie ich an euch gehandelt habe"

Die Fußwaschung Jesu als Zeichen dienender Liebe

Das Johannesevangelium berichtet nicht ausführlich vom letzten Mahl Jesu, das im Evangelium vorausgesetzt sein dürfte, sondern statt dessen von der Fußwaschung. Dieser Bericht bildet das Evangelium des Gründonnerstags. Im Vergleich zu den synoptischen

Evangelien legt Johannes eine andere zeitliche Abfolge der Ereignisse zugrunde: Jesus stirbt nicht am Paschafest, sondern einen Tag zuvor, und dementsprechend kann nach Johannes das Letzte Abendmahl kein Paschamahl gewesen sein.

Diese Abfolge eröffnet dem Evangelisten die Möglichkeit, die Einbindung des Todes Jesu in die Geschichte Gottes mit Israel auf originelle Weise herauszuarbeiten. Mehrfach betont der Evangelist, dass die Kreuzigung Jesu „am Rüsttag des Paschafestes" geschieht (vgl. Joh 19,14.31). Das heißt, dass Jesus zu der Zeit stirbt, zu der im Tempel die Paschalämmer für das spätere Mahl in den Familien und sonstigen Mahlgemeinschaften geschlachtet werden.

? **Wissen wir denn genauer, wie zur Zeit Jesu das Paschafest in Jerusalem ablief?**

Das meiste, was wir über jüdische Riten in früheren Zeiten wissen, lässt sich nur aus mittelalterlichen Quellen erheben. Inwieweit man die dort vorausgesetzten Abläufe auch schon für das Frühjudentum zur Zeit Jesu annehmen kann, ist sehr umstritten. Letztlich sind wir bezüglich weiter Teile der Geschichte jüdischer und christlicher Liturgie – die sich im Übrigen, wie jüngste Forschungen zeigen, viel stärker *wechselseitig* beeinflusst haben dürften, als bisher vielfach angenommen – darauf angewiesen, aufgrund der Zeugnisse, die uns zur Verfügung stehen, möglichst nachvollziehbare Modelle zu entwickeln. Im zweiten Kapitel werden wir darauf vor allem anhand eines Vergleichs der jüdischen Tischgebete mit den frühen Eucharistischen Hochgebeten noch etwas näher eingehen.

Wahrscheinlich ist, dass zur Zeit Jesu das Paschafest durch die Schlachtung des Lammes, dessen Verzehr beim späteren Paschamahl die zentrale Rolle spielt, am frühen Nachmittag des 14. Tages im jüdischen Monat Nisan vorbereitet wurde. Diese Schlachtung vollzog der Eigentümer nach genauen Regeln im Vorhof des Tempels. Die Priester nahmen das Blut der Tiere und besprengten damit den Altar. Das Singen der Hallelpsalmen, der Lobpsalmen 113–117 (nach unserer Zählung) begleitete die Schlachtung. Nach Hause zurückgekehrt, briet man das Lamm als ganzes an hölzernen Spießen. Die Mahlgemeinschaft hatte aus mindestens zehn jüdischen Männern zu bestehen, wobei außer den Familien und ihren Gästen auch freie Mahlgemeinschaften denkbar waren. Eine solche freie Gemeinschaft bildete Jesus nach den synoptischen Evangelien mit seinen Jüngern. Soviel erst einmal zum äußeren Ablauf; wir kommen noch auf die Bedeutung dieses Mahles zurück.

Johannes greift jedenfalls den Brauch der Schlachtung der Lämmer am Vortag des Paschafestes auf, um Jesus als „das wahre Lamm" herauszustellen, dessen Blut in der oben skizzierten Weise den Bund mit Gott unverbrüchlich erneuert (vgl. Joh 1,29; 19,33–36). Auf dieser Linie formuliert das urchristliche Zeugnis in 1 Kor 5,7: „... denn als unser Paschalamm ist Christus geopfert worden." Hier findet sich also ein weiterer Beleg dafür, dass der Tod Jesu und dessen Gedächtnisfeier nicht ohne die Bezüge zur Exodustradition verstanden werden können. Die erste Lesung des Gründonnerstags aus dem Buch Exodus liefert deshalb die unabdingbare Folie für die Einsetzung des Herrenmahles bzw. der Eucharistie.

Von der Fußwaschung ist nur im vierten Evangelium die Rede (Joh 13,1–15). Wenigstens einige Verse seien hier zitiert:

Joh 13

[1]Es war vor dem Paschafest.
Jesus wußte, dass seine Stunde gekommen war, um aus dieser Welt zum Vater hinüberzugehen.
Da er die Seinen, die in der Welt waren, liebte, erwies er ihnen seine Liebe bis zur Vollendung.

[2]Es fand ein Mahl statt,
und der Teufel hatte Judas, dem Sohn des Iskariot, schon ins Herz gegeben, ihn zu verraten und auszuliefern.
...
[4](Jesus) stand vom Mahl auf, legte sein Gewand ab und umgürtete sich mit einem Leinentuch.

⁵Dann goß er Wasser in eine Schüssel und begann, den Jüngern die Füße zu waschen und mit dem Leinentuch abzutrocknen, mit dem er umgürtet war.
…
¹²Als er ihnen die Füße gewaschen, sein Gewand wieder angelegt und Platz genommen hatte, sagte er zu ihnen:
Begreift ihr, was ich an euch getan habe?
¹³Ihr sagt zu mir Meister und Herr,
und ihr nennt mich mit Recht so,
denn ich bin es.
¹⁴Wenn nun ich, der Herr und Meister, euch die Füsse gewaschen habe,
dann müsst auch ihr einander die Füsse waschen.
¹⁵Ich habe euch ein Beispiel gegeben,
damit auch ihr so handelt,
wie ich an euch gehandelt habe.

Die Fußwaschung eröffnet bei Johannes den zweiten großen Teil des Evangeliums, der die Abschiedsreden, die Passions- und Osterberichte umfasst. Für unseren Zusammenhang ist entscheidend, dass der Rahmen der Fußwaschung das letzte Mahl Jesu mit seinen Jüngern ist. Aber das Mahl selber ist für den Evangelisten nicht interessant. Auch in der nächsten Szene dient es nur als „Aufhänger", dann, wenn Judas mitten in der versammelten Gemeinschaft als der Verräter identifiziert wird (vgl. Joh 13,21–30). Das heißt allerdings nicht, dass Johannes die eucharistischen Zeichenhandlungen durch die Fußwaschung ersetzt. So ist im 6. Kapitel des Johannesevangeliums in eucharistietheologischer Absicht ausführlich von Jesus als „Brot des Lebens" die Rede. Vielmehr kommt es ihm an dieser Stelle darauf an, in einer dichten Szene Jesus am Ende seiner irdischen Existenz nochmals als den herauszustellen, der er sein ganzes Leben war: als Diener, ja als Sklave aller! Das macht die Einleitung in Vers 13,1 deutlich, die man wörtlich so übersetzen müsste, dass Jesus den Menschen seine Liebe „bis zum Äußersten" erwies.

Die Deutung, die Jesus seinem Handeln gibt, weist ihn als Beispiel aus, das nachgeahmt werden soll: Wenn schon der Lehrer und Herr sich als Diener zeigt, so müssen diejenigen, die er sendet, die ihre Autorität nur abgeleitet von der seinen haben, erst Recht einander dienen. Anders gesagt: Die Jüngerinnen und Jünger Jesu sind gehalten, die von Jesus empfangene Liebe möglichst ungeschmälert weiterzugeben. Die Fußwaschung lässt damit zum sinnenfälligen Zeichen werden, was der johanneische Jesus seiner Gemeinschaft mit dem Auftrag der Geschwisterliebe übermittelt:

Joh 13

...

> ¹⁵Ich habe euch ein Beispiel gegeben,
> damit auch ihr so handelt,
> wie ich an euch gehandelt habe.

...

> ³⁴Ein neues Gebot gebe ich euch:
> Liebt einander!
> Wie ich euch geliebt habe,
> so sollt auch ihr einander lieben.

„Die Liebe der Jünger", so der Bibelwissenschaftler J. Gnilka, „hat ihren Grund in der von Jesus empfangenen Liebe. Er hat sie zur Liebe befähigt. Die Fußwaschung ist Ausdruck seiner hingebenden Liebe, die sich im Kreuzestod vollendet." [Gnilka, Theologie, 317]

Die johanneische Konzeption der Fußwaschung unterstreicht damit auf eigene Weise die Untrennbarkeit zwischen Liturgie und Diakonie, wie sie Paulus in 1 Kor 11 seiner Gemeinde ins Stammbuch schreibt: Wer sich als eine Gemeinschaft derer versteht, die durch das Bad der Taufe in Tod, Auferweckung und Erhöhung Jesu Christi hineingenommen sind (vgl. GKL 2/S. 36ff.), darf dies zum einen immer wieder – dem Auftrag Jesu gemäß – in der Eucharistie feiern; aber zum andern muss eine solche Gemeinschaft aus der Kraft, die durch die Gegenwart Jesu Christi in der Liturgie erwächst, dann auch seinem Vorbild dienender Liebeshingabe in allen Lebensvollzügen nacheifern.

Diese Botschaft der Fußwaschung ist an jeden Menschen ganz persönlich gerichtet, wie das Gespräch zwischen Jesus und Petrus deutlich macht:

Joh 13

[6]Als er zu Simon Petrus kam,
sagte dieser zu ihm:
    Du, Herr, willst mir die Füße waschen?
[7]Jesus antwortete ihm:
    Was ich tue, verstehst du jetzt noch nicht;
    doch später wirst du es begreifen.
[8]Petrus entgegnete ihm:
    Niemals sollst du mir die Füße waschen!
Jesus erwiderte ihm:
    Wenn ich dich nicht wasche, hast du keinen Anteil an mir.
[9]Da sagte Simon Petrus zu ihm:
    Herr, dann nicht nur meine Füße, sondern auch die Hände und das Haupt.
[10]Jesus sagte zu ihm:
    [Langtext/Version der Einheitsübersetzung:]
    Wer vom Bad kommt, ist ganz rein und braucht sich nur noch die Füße zu waschen.
    [Alternativer Kurztext aufgrund bestimmter Textzeugen:]
    Wer ein Bad genommen hat, bedarf nichts,
    denn er ist ganz rein.
    Auch ihr seid rein, aber nicht alle.
[11]Er wußte nämlich, wer ihn verraten würde;
darum sagte er:
    Ihr seid nicht alle rein.

An Petrus wird exemplarisch gezeigt, worauf es für uns Menschen vor allem anderen ankommt: das Heilshandeln Gottes an uns, wie es im Kreuzestod Jesu Christi seinen Höhepunkt hat, *erstens* mit offenem Herzen anzunehmen, und *zweitens* dem Beispiel Gottes bzw. seines Sohnes zu folgen und seine Liebe weiter zu schenken.

Der Anspruch, der in dieser Herausforderung liegt, lässt Petrus zurückschrecken: Er spürt, dass derjenige, der liebt, sich verletzlich macht, ja sogar den Verlust des eigenen Lebens riskiert (vgl. auch Mk 8,31ff). Jesus wirbt eindringlich um seinen Jünger: Zu seinem Weg der Liebe gehört notwendig hinzu, um der Liebe willen zum Leiden bereit zu sein, und wer an ihm Anteil erhalten will, muss diesen Weg mitgehen. Petrus folgt Jesus schließlich, wie der weitere Verlauf des Evangeliums zeigt, trotz vielfacher Anfechtungen während der Passion nach (vgl. Joh 13,36–38 bis hin zu 21,18f) – im Gegensatz zu Judas Iskariot, der den Prototyp des Menschen darstellt, der sich der Herausforderung bedingungsloser Liebe verweigert (vgl. Joh 13,2.10f.18f.21–30).

Auf die Reaktion des Petrus, der wieder einmal über das Ziel hinausschießt und jetzt fordert, sogar noch Hände und Haupt gewaschen zu bekommen, antwortet Jesus – jedenfalls insofern man, anders als unsere Einheitsübersetzung der Bibel, den oben mit abgedruckten Kurztext zugrundelegt – mit dem bildhaften Hinweis auf die vorrangige Zuneigung Gottes: Ja, der Mensch ist herausgefordert zur Nachfolge in der Liebe, aber er kann diesen Weg getrost und angstfrei beschreiten, weil ihm das Heil in Fülle durch den Liebesdienst Jesu, der auf den Kreuzestod vorausweist, bereits zuteil geworden ist – vor aller eigenen Leistung!

Der Evangelist zeigt diesen Zusammenhang anhand eines Gespräches Jesu mit einem ganz konkreten Menschen auf. Das ist besonders bewegend: Jeder und jede darf sich hier mit Petrus von Jesus berührt und angesprochen wissen!

– Das Evangelium nach Johannes, das am Gründonnerstag die Fußwaschung der Jünger durch Jesus verkündet, unterstreicht eindrücklich, was bereits die zweite Lesung aus dem 1. Korintherbrief betont:

– Das liturgische Gedächtnis von Tod, Auferweckung und Erhöhung Jesu Christi, die gottesdienstliche Feier seines Heilstodes, ist nicht zu trennen von der

Nachfolge Jesu auf einem Weg der dienenden Hingabe und Liebe. In diese Nachfolge ist jeder getaufte Mensch als Glied der Gemeinde des Herrn hineingerufen. Liturgie und Diakonie gehören in der christlichen Gemeinde unabdingbar zusammen!

– Außerdem stellt das johanneische Zeitraster, gemäß dem Jesus zu dem Zeitpunkt stirbt, als im Tempel die Paschalämmer geschlachtet werden, den Tod Jesu und damit dessen Gedächtnis in der christlichen Gemeinde, wie es vor allem in der Eucharistiefeier begangen wird, auf originelle Weise in den Kontext der Heilsgeschichte Israels. Vor allem von dieser johanneischen Konzeption her empfängt unser Begleitgesang zur Brotbrechung, das Agnus Dei, seine Bedeutung.

Nun ist abschließend auf die erste Lesung des Gründonnerstags zurückzukommen und damit auf den Bezug des letzten Mahles und des Heilstodes Jesu zum Exodus, von dem schon einige Male die Rede war.

1.4 „Diesen Tag sollt ihr als Gedenktag begehen"
Der Exodus als Urereignis der Heilsgeschichte

Im Buch Exodus sind die Israeliten von Gott aufgefordert, in der Nacht vor ihrer Befreiung aus der Knechtschaft Ägyptens nach genauen Vorschriften ein Mahl miteinander zu halten. Die Leseordnung sieht die Verkündigung eines Ausschnitts des entsprechenden Geschehens vor (Ex 12,1–8.11–14; vgl. für den Gesamtkontext Ex 12,1–42). Wir zitieren wiederum nur einige wenige Verse, wobei wir Details der Vorschriften, etwa bzgl. der Auswahl des Lammes, auslassen:

Ex 12:

¹In jenen Tagen sprach der Herr zu Mose und Aaron in Ägypten:

²Dieser Monat soll die Reihe eurer Monate eröffnen,

er soll euch als der erste unter den Monaten des Jahres gelten.

³Sagt der ganzen Gemeinde Israel:

Am Zehnten dieses Monats soll jeder ein Lamm für seine Familie holen, ein Lamm für jedes Haus.

…

⁶Ihr sollt es bis zum vierzehnten Tag dieses Monats aufbewahren.

Gegen Abend soll die ganze Gemeinde Israel die Lämmer schlachten.

⁷Man nehme etwas von dem Blut und bestreiche damit die beiden Türpfosten und den Türsturz an den Häusern, in denen man das Lamm essen will.

⁸Noch in der gleichen Nacht soll man das Fleisch essen.

Über dem Feuer gebraten und zusammen mit ungesäuertem Brot und Bitterkräutern soll man es essen.

…

¹¹So aber sollt ihr es essen:

eure Hüften gegürtet, Schuhe an den Füssen, den Stab in der Hand.

Esst es hastig! Es ist die Paschafeier für den Herrn – das heißt: der Vorübergang des Herrn.

¹²In dieser Nacht gehe ich durch Ägypten und erschlage in Ägypten jeden Erstgeborenen bei Mensch und Vieh.

Über alle Götter Ägyptens halte ich Gericht, ich, der Herr.

> ¹³Das Blut an den Häusern, in denen ihr wohnt, soll
> ein Zeichen zu eurem Schutz sein.
> Wenn ich das Blut sehe,
> werde ich an euch vorübergehen, und das vernich-
> tende Unheil wird euch nicht treffen,
> wenn ich in Ägypten dreinschlage.
>
> ¹⁴Diesen Tag sollt ihr als Gedenktag begehen.
> Feiert ihn als Fest zur Ehre des Herrn!
> Für die kommenden Generationen macht euch diese
> Feier zur festen Regel!

Zu diesem – einem der bedeutendsten Texte der gesamten Bibel –
wäre natürlich viel zu sagen. Einige Bemerkungen haben wir bereits im Zusammenhang der Interpretation des Exsultet im ersten
Band des Grundkurses gemacht (vgl. GKL 1/S. 11 ff.). Für jetzt ist
wichtig, dass dieser Bericht über das Paschamahl aus mehreren
Schichten besteht und in weiten Teilen bereits durch liturgische
Tradition geprägt ist. Im Einzelnen enthält diese Tradition – neben
dem Wein, der später hinzugekommen ist und in Ex 12 nicht erwähnt wird – folgende Schlüsselelemente:

(1) *Das Lamm* ist als ein Tier, dass sich geduldig seinem Schlachter
    ausliefert, Symbol der Unschuld und Demut (vgl. das Gottes-
    knechtslied Jes 53,7) und der stellvertretenden Sühne (vgl. u. a.
    Hebr 9,28). Das Blut des Lammes schützt – hier an die Tür-
    pfosten gestrichen – vor Tod und Vernichtung.
(2) *Die Bitterkräuter und das ungesäuerte Brot* – oder „Elendsbrot",
    wie es in Dtn 16,3 heißt – stehen für die Knechtschaft in Ägyp-
    ten bzw. für die Befreiung aus diesem Zustand (vgl. Ex 34,18).
    Das Brot stiftet außerdem als reines Festtags- und Opferbrot
    neue Fruchtbarkeit und Lebensenergie (vgl. 1 Kor 5,7f) sowie
    Gemeinschaft (vgl. 1 Kor 10,16f).

In einem langen Prozess haben sich verschiedene Teiltraditionen
schließlich zum Hauptfest der Juden verbunden, wie es jährlich –
als Wallfahrtsfest – in Jerusalem begangen wurde. Dieses feierliche

Gedächtnis der Befreiung aus Ägypten, des Hinübergangs aus Knechtschaft und todbringenden Strukturen in Freiheit und eine Leben spendende Umgebung prägt die jüdische Identität durch und durch. Mittlerweile war das Pascha zu einem frohen Festmahl geworden und wies nicht nur auf die Heilstaten Gottes in der Vergangenheit zurück, sondern war auch Ausblick auf den endgültigen Exodus, den endgültigen Anbruch der Herrschaft Gottes am Ende der Zeiten: Das Paschamahl ist feierliches Gedächtnis der Rettung aus Ägypten und belebt und stärkt aus der Kraft dieses Gedächtnisses die Hoffnung auf die verheißene endgültige Befreiung und Erlösung, wie sie in der Mahlgemeinschaft schon anfanghaft aufscheint, da sich die Teilnehmer des Mahles untereinander und mit Gott verbunden wissen. „Geht es im Rückblick um die Berufung Israels aus dem Totenhaus Ägyptens in das Reich der Freiheit, so im Ausblick nicht nur um eine Befreiung von politischer Unterdrückung, sondern mehr noch der selbstverschuldeten und der fremdverschuldeten Unmündigkeit, um die Lösung der Fesseln, die sich die Israeliten durch ihre Schuld selbst angelegt haben, um die Verwirklichung des Reiches Gottes durch den Messias" [T. Söding, Eucharistie, 29]:

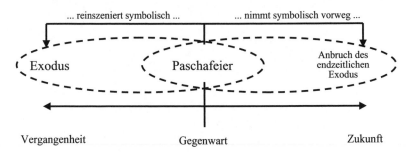

Schema: Ort der Paschafeier in der Heilsgeschichte

Die Frage, ob das letzte Mahl Jesu mit seinen Jüngern nun ein Paschamahl war oder nicht, wird bis heute kontrovers diskutiert. Wir haben gesehen, dass etwa Paulus lediglich von einem nächtlichen Festmahl mit den für Juden üblichen Elementen spricht und Johannes das Mahl auf den Vorabend des Paschafestes legt, während die Synoptiker den Rahmen eines Paschamahles voraussetzen (vgl. Mk 14,22–25 parr). Wer letzteres für die historisch zutreffende Variante hält, setzt sich allerdings zumindest dem Einwand aus, dass angesichts der politischen Gesamtsituation Palästinas zur Zeit des Statthalters Pilatus eine Kreuzigung am hohen Feiertag des Paschafestes höchst unwahrscheinlich ist; eine solche Hinrichtung hätte sicherlich die religiösen Gefühle vieler Juden tief verletzt und eventuell zu größeren öffentlichen Unruhen geführt.

Wie auch immer man sich letztlich entscheidet: Hier ist nur wichtig, dass sowohl nach den Synoptikern als auch gemäß dem Johannesevangelium der Exodus unverzichtbar ist, um die Bedeutung des Todes Jesu richtig zu verstehen. In der Liturgie der Kirche ist die Unverzichtbarkeit des Exodus für das Verständnis des Geheimnisses Jesu Christi dadurch anerkannt worden, dass die Lesung aus Ex 14 (14,15 – 15,1), in der von der Rettung Israels am Schilfmeer berichtet wird, die einzige alttestamentliche Lesung ist, auf die in der Feier der Osternacht keinesfalls verzichtet werden darf. Denn der Durchzug durch das Schilfmeer ist, wie es in der anschließenden Oration heißt, Urbild der Taufe:

Messbuch 1975, Osternacht:
Oration zur vierten Lesung aus dem Buch Exodus

Gott,
deine uralten Wunder leuchten noch in unseren
Tagen.
Was einst dein mächtiger Arm
an einem Volk getan hat,
das tust du jetzt an allen Völkern:
Einst hast du Israel
aus der Knechtschaft des Pharao befreit
und durch die Fluten des Roten Meeres geführt;
nun aber führst du alle Völker
durch das Wasser der Taufe zur Freiheit.
Gib, dass alle Menschen Kinder Abrahams werden
und zur Würde des auserwählten Volkes gelangen.

Beim Letzten Abendmahl öffnet Jesus mit Bezug auf seinen bevorstehenden Tod das Pascha Israels im Sinne dieses Gebetes, damit dereinst alle Völker an den Verheißungen Gottes für Israel Anteil erhalten – in der universalen Gottesherrschaft, wie sie am Ende der Zeiten anbrechen wird, gegründet auf den Bund, der im Blut Jesu Christi besiegelt ist. Die Taufe nimmt die Menschen in diesen Bund hinein.

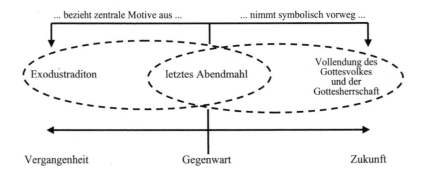

Schema: Ort des Letzten Abendmahles in der Heilsgeschichte

Neutestamentlich stellt vor allem Lukas die Bezüge zum Exodus her, indem er – stärker als die übrigen Synoptiker – einzelne Elemente des letzten Mahles Jesu als Elemente eines Paschamahles beschreibt. Das gibt uns Gelegenheit, die schon eingestreuten Bemerkungen zum Ablauf eines Paschamahles konzentriert zusammenzustellen. Beim Studium der folgenden Tabelle ist aber hinsichtlich der rechten Spalte wieder zu bedenken, dass es sich bei der angegebenen Struktur des Mahles weitgehend um eine „Rückprojektion" des Ritus handelt, wie er uns aus mittelalterlichen Quellen bekannt ist (die genannten Gebete werden übrigens in Kapitel 2 aufgegriffen und können hier vernachlässigt werden):

Lk 22,15–20	Aufbau der Paschafeier am Seder-Abend
[15]Und er sagte zu ihnen: Ich habe mich sehr danach gesehnt, vor meinem Leiden dieses Pascha mit euch zu essen. [16]Denn ich sage euch: Ich werde es nicht mehr essen, bis das Mahl seine Erfüllung findet im Reich Gottes.	*1. Vorspeise*
[17]Und er nahm den Kelch, sprach das Dankgebet und sagte: Nehmt den Wein, und verteilt ihn untereinander! [18]Denn ich sage euch: Von nun an werde ich nicht mehr von der Frucht des Weinstocks trinken, bis das Reich Gottes kommt.	a) Segensspruch zum Fest und Segen über den 1. Becher (Kiddusch-Becher)
	b) Vorspeisen (Grünkräuter, Bitterkräuter, Fruchtmus)
	c) Auftragen des Hauptmahles einschließlich des 2. Bechers (Haggada-Becher)
	2. Paschaliturgie
	a) Vortrag des Paschahaggada durch den Hausvater
	b) erster Teil des Pascha-Hallel (Ps 113–114)
	c) Trinken des Haggada-Bechers
	3. Hauptmahl
[19]Und er nahm Brot, sprach das Dankgebet, brach das Brot und reichte es ihnen mit den Worten: Das ist mein Leib, der für euch hingegeben wird. Tut dies zu meinem Gedächtnis! [Vgl. oben Verse 15–16!]	a) Tischgebet des Hausvaters über das ungesäuerte Brot
	b) Essen des Lammes mit dem Brot und weiteren Beilagen
[20]Ebenso nahm er nach dem Mahl den Kelch und sagte: Dieser Kelch ist *der Neue Bund* in meinem Blut, das für euch vergossen wird.	c) Tischgebet über den 3. Becher (Segensbecher), mit dem die Hauptmahlzeit endet

[Vgl. Mk 14,26; Mt 26,30!]	4. *Abschluss*
	[evtl.: 4. Becher oder: Hallel-Becher]
	Lobgesang: zweiter Teil des Hallel mit Ps 136, dem dankbaren Lobpreis Gottes für Schöpfung und Heilsgeschichte

Jesus greift den Sinngehalt des Paschamahles auf, um seinen eigenen Tod als Durchgang zum Leben zu deuten, als einen Exodus, an dem alle Menschen Anteil erhalten. Dieser endgültige Durchgang vom Tod ins Leben wird vom selben Gott geschenkt, der den Exodus Israels aus Ägypten ermöglicht hat. Das Reich Gottes, das Jesus durch sein ganzes Leben und seine Predigt verkündet hat, ist das verheißene Land, auf das auch Israel seine Hoffnungen setzt. Anders gesagt: In Jesus erfüllen sich die Hoffnungen Israels. Er ist der erwartete Messias, der Gesalbte Gottes.

Die Eucharistie, wie sie Jesus beim Letzten Abendmahl eingesetzt hat, entwertet somit nicht das Pascha Israels. Sie ist ein neuer Ritus, der den alten – im guten Sinne des Wortes – bleibend in sich aufnimmt und so alle Dimensionen freilegt, die bis zum Letzten Abendmahl bzw. dem Tod und der Auferweckung Jesu ihrer „Entdeckung" harrten. Mit dem *Pange lingua*: „Tantum ergo sacramentum veneremur cernui, et antiquum documentum novo cedat ritui …" – das große Sakrament der Liebe Gottes, wie es in der Hingabe Jesu bis zu seinem Tod am Kreuz offenbar geworden ist, wird in der Eucharistie verehrt, und der alte Bund geht in diesen neuen Ritus über, ohne darin unterzugehen.

Jesus, das „fleischgewordene Wort Gottes", enthüllt den letzten Sinn der Erzählung von Israels Befreiung aus Ägypten (vgl. Dtn 26,5–11), wie sie der Hausvater auf Nachfrage des jüngsten Teilnehmers des Paschamahles erzählt, um die einzelnen Elemente der Feier zu deuten. Jesus enthüllt diesen Sinn dem Menschen, der glaubt – jenseits der sinnlichen Wahrnehmung, die weiter nur gewöhnliche Mahlelemente erkennt –, durch seine ureigensten Worte, mit denen er den Seinen Brot und Wein reicht:

Hymnus *Pange lingua*

In der Nacht beim letzten Mahle,
saß er in der Jünger Schar.
Als nach Vorschrift des Gesetzes
nun das Lamm genossen war,
gab mit eigner Hand den Seinen
er sich selbst zur Speise dar.

Und das Wort, das Fleisch geworden,
schafft durch Wort aus Brot und Wein
Fleisch und Blut zur Opferspeise,
sieht es auch der Sinn nicht ein.
Es genügt dem reinen Herzen,
was ihm sagt der Glaub allein.

Mit dem Verweis auf das *Pange lingua* sind wir wieder am Ausgangspunkt unserer Überlegungen angelangt: Das „Geheimnis unseres Glaubens", das Geschenk der Liebe Gottes, die keine Schranken kennt, auch nicht die Schranke des Todes, kann uns letztlich zu nichts anderem bringen als zum Lobpreis und zur Anbetung Gottes, zur tiefen Verehrung solcher Liebe – in allen Lebensvollzügen!

1.5 Fazit: Eucharistie als heilserfüllte Gedächtnishandlung

„Tut dies zu meinem Gedächtnis": So ist dieses erste Kapitel überschrieben. Die letzten Abschnitte sollten deutlich machen, was diese Aufforderung, die Jesus nach Lukas und Paulus beim Letzten Abendmahl spricht, bedeutet. Gedächtnis Jesu vollzieht sich durch die Zeiten hindurch auf die verschiedensten Arten und Weisen: Menschen erzählen einander von Jesus, von seinem Leben und Wirken, seinem Tod am Kreuz und seiner Auferweckung. Gebetsgemeinschaften rufen mit Jesus zu Gott, der uns Vater und Mutter ist. Gottesdienstliche Versammlungen sprechen das Bekenntnis zu „Jesus Christus, Gottes eingeborenem Sohn, unsern Herrn, empfangen durch den Heiligen Geist, geboren von der Jungfrau Maria, gelitten unter Pontius Pilatus, gekreuzigt gestorben und begraben, hinabgestiegen in das Reich des Todes, aufgefahren in den Himmel. Er sitzt zur Rechten Gottes, des allmächtigen Vaters, von der dort wird er kommen zu richten die Lebenden und die Toten" (Apostolisches Glaubensbekenntnis). Menschen folgen Jesus nach auf dem Weg bedingungsloser Liebe, die keine Grenzen kennt, keine Grenzen der Rasse, des sozialen Standes, des Geschlechts oder der Krankheit.

Das eucharistische Gedächtnis Jesu Christi in der Feier der Eucharistie beruft sich darauf, dass jede Eucharistiefeier in einer innigen Beziehung zum Handeln Jesu beim Letzten Abendmahl steht. Hier liegt das Paradebeispiel dafür vor, dass in der Liturgie die üblichen Raum-Zeit-Strukturen durchbrochen werden, wie wir schon im ersten Band des Grundkurses gesehen haben. Die Eucharistiefeier ist Gedächtnis eines geschichtlichen Ereignisses, einer geschichtlichen Person. Dieses Ereignis, diese Person sind aber nicht so gegenwärtig, wie auch sonst Menschen und Ereignisse dann wieder neu präsent werden, wenn man sie sich in Erinnerung ruft – eben „nur" in der Erinnerung, so lebendig sie auch sein mag. Die Liturgie als eine Gedächtnisfeier zu begreifen heißt vielmehr: Durch unser Gedächtnis im eigentlichen Sinne vergangener Heilstaten Gottes werden wir tatsächlich selber in diese Heilstaten mit hineingenommen. Mit dem entsprechenden Traktat der Mischnah, der wichtigsten jüdischen Sammlung religiöser Gesetze, gesagt:

Mischnahtraktat zum Pessach, 10,5

In jeder Generation ist der Mensch verpflichtet,
sich selbst so anzusehen,
wie wenn er selbst aus Ägypten ausgezogen wäre;
denn es heißt:
> „Wegen dessen, was der Herr an *mir* getan hat,
> als *ich* aus Ägypten auszog" (Ex 13,8).

Hebräisch spricht man von der *zachar*-Struktur, der Gedächtnisstruktur des Gottesdienstes: Solches Gedächtnis ist Vergegenwärtigung des historisch Vergangenen. Dass „ich" mich ganz persönlich hineingenommen wissen soll in das Heilshandeln Gottes in einer fernen Vergangenheit, ist allerdings nur möglich, wenn ich „Gott tatsächlich Gott sein lasse", ihm vertraue, dass er auch heute, an mir, an uns so handelt, wie es die Heiligen Schriften von ihm berichten.

Der entscheidende Unterschied unseres liturgischen Feierns zum Gedenken Israels liegt darin, dass aus christlicher Sicht der Dreh- und Angelpunkt der Heilsgeschichte fortan die Lebensbotschaft Jesu ist, wie sie sich im Abendmahlssaal verdichtet. Die Gegenwart dieser Botschaft zu allen Zeiten beruht darauf, dass Gott den, der als Person diese Botschaft ist, nicht im Tode gelassen hat. So kann der Gekreuzigte als der Erhöhte in jeder Eucharistiefeier Gastgeber sein, der sich selbst in den Zeichen von Brot und Wein neu schenkt – wie für die Jünger von Emmaus, mit deren Christusbegegnung wir das Kapitel begonnen hatten. Wie diesen Jüngern entflammt Jesus selber in der Wortliturgie jeder Eucharistiefeier unser Herz. Diese Feier des Wortes Gottes ist nicht „Vorspiel" des eigentlichen Sakraments, das man sich auch ganz anders vorstellen könnte. Sie ist Feier der Heilstaten Gottes, die im Sakrament geheimnisvoll gegenwärtig werden: in Kontinuität mit den ersten Christengemeinden (2. Lesung), die bereits die Selbstoffenbarung Gottes in Jesus Christus (Evangelium) als Erfüllung der Hoffnungen Israels (1. Lesung) gefeiert haben.

Die vorgesehene vierte (bzw. an einem Werktag: dritte) Lesung aus dem Buch der Psalmen dient genau dazu, den angedeuteten „Brückenschlag" zu unterstützen: Wie der Psalmist soll ich mir/sollen wir uns in der jeweils neuen Gegenwart einer liturgischen Feier Gottes heilende Nähe aneignen – ob wir dies gerade als hoffnungsfroh gestimmte, ängstliche, glaubensstarke oder schuldbeladene Menschen tun. Mit dem französischen Gesangbuch „Missel noté":

Missel noté

Der Psalm ist eine der Schriftlesungen, die jeder Messe eigen sind. Aufgrund seiner poetischen Form bildet diese besondere Weise, das Wort als heutiges zu verkünden, das Band zwischen den verschiedenen Lesungen aus dem Alten und dem Neuen Testament. Aufgrund ihrer poetischen und lyrischen Form sind die Psalmen eine Einladung, sich das Wort [Gottes] anzueignen, indem man es „isst" [also gleichsam: ausgiebig kaut, um seinen Geschmack voll auszukosten], rezitierend oder psalmodierend.

Auf unsere Ausgangsfragen nach dem Verhältnis von Letztem Abendmahl, Geschichte Israels und Eucharistiefeier können wir jetzt abschließend antworten:

– Jede Eucharistie ist eine *Gedächtnisfeier.* Sie bezieht sich auf historische Ereignisse, ebenso wie das Gedächtnis des Exodus, wie es im jüdischen Paschamahl begangen wird.

– Diese Gedächtnisfeier bezieht sich konkret auf die Ereignisse der Geschichte *Jesu Christi,* eine Geschichte, die sich in dessen Leiden, Sterben und seiner Auferweckung „verdichtet".

– Das eucharistische Gedenken vollzieht sich durch eine *Selbstvergegenwärtigung* Jesu, der Gastgeber und Gabe des Mahles ist.

– Solches Gedächtnis ist ein Tun – oder, mit dem Begriff des Zweiten Vatikanums: actuosa participatio, tätige Teilnahme der Feiernden. Dieses Tun besteht darin, Gott in und durch Jesus Christus Heil stiftend wirken zu lassen, und dann seinem Gedächtnisbefehl gemäß zu handeln. D. h.: Die Herrenmahlsfeier *ist* Feier des Letzten Abendmahles Jesu. Wo Menschen Eucharistie feiern, tun sie eben das, was Jesus selbst getan hat.

– Die entsprechenden Kernhandlungen sind, dass Brot genommen, gesegnet, dann gebrochen, ausgeteilt und genossen wird: als Leib Jesu Christi; und ebenso ist der Becher mit Wein Ausdruck des Dankes an den Schöpfer, wird gereicht und der Wein getrunken: als Blut Jesu Christi.

– Neben der Vergegenwärtigung historisch vergangener Ereignisse ist die Eucharistie aber Vorwegnahme dessen, was in seiner Vollendung noch aussteht: die endzeitliche Herrschaft Gottes, die in Jesus schon angebrochen und durch die Seinen in der Kraft des Heiligen Geistes verwirklicht wird. In der Eucharistie verbindet sich das Gedächtnis mit der Hoffnung auf die Vollendung des Heils!

In welchen Formen sich dieses Gedächtnis weiter ausgeprägt hat, ist Thema des nächsten Kapitels. Die Kapitel 3 und 4 gehen mit der Frage nach der Gegenwart Jesu Christi in den eucharistischen Gestalten von Brot und Wein bzw. der Opferthematik einzelnen Aspekten weiter nach, die jetzt bereits anhand der biblischen Texte behandelt worden sind. Gerade diese Aspekte haben im Laufe der Theologiegeschichte bis heute besondere Aufmerksamkeit erfahren. Alle entsprechenden Überlegungen müssen sich aber daran messen lassen, ob sie dem Genüge tun, was bisher – wenigstens in seinen Grundzügen – entfaltet wurde: das biblische Zeugnis von Letztem Abendmahl und Herrenmahl.

2 Die Eucharistie in der frühen Kirche

2.1 Vom Abschiedsmahl Jesu zum Herrenmahl der Apostel

Wie wir im ersten Kapitel dieses Bandes gesehen haben, ist nicht ganz klar zu erschließen, ob es sich beim Abschiedsmahl Jesu historisch gesehen um ein Paschamahl gehandelt hat. Selbst wenn man jedoch davon ausgeht, dass der Paschakontext eine Interpretation der unterschiedlichen Bearbeitungen der Abendmahlsberichte ist, so ist jedenfalls daran festzuhalten, dass das Abschiedsmahl Jesu zumindest ein jüdisches Festmahl war. Charakteristisch für solche Mähler ist der Genuss von Wein als Ausdruck der Lebensfreude. Ein solches jüdisches Festmahl weist aber hinsichtlich wesentlicher Elemente dieselbe Grundstruktur wie ein Paschamahl auf. Der zentrale Teil eines solchen Festmahles ist folgendermaßen gegliedert:

Tischsegen   ⇒   MAHL   ⇒   Tischgebet
(Kiddusch)   (Birkat ha Mazon)

Wie dem Schaubild zu entnehmen ist, besteht der Hauptteil des Festmahles aus drei Elementen. Es beginnt mit einem Tischsegen (*Kiddusch* genannt) über Brot und Wein. Die Segenssprüche über den Becher mit Wein und über das Brot wurden jeweils mit einem kurzen Lobpreis, einer so genannten *Berakah* [sprich: Böraká], abgeschlossen, deren Struktur wir uns gleich noch genauer anschauen wollen. Dem Tischsegen schließt sich das eigentliche Mahl an. Nach dem Mahl folgt die so genannte *Birkat ha Mazon*, das Nach-Tischgebet. Sie wird ähnlich wie der Tischsegen mit einem mit Wein gefüllten Becher in der Hand gesprochen.

 Was ist denn eine Berakah? Und weshalb ist diese Berakah so wichtig für das Verständnis der Eucharistie?

Die *Berakah* ist ein kurzer Lobpreis: Die Bezeichnung „*Berakah*" – abgeleitet von der hebräischen Wurzel „barak" – bedeutet soviel wie „preisen" oder „loben".

Eine *Berakah* besteht aus zwei Teilen:

1. **einem gleichbleibenden Teil, der, nach dem ersten Wort „baruch" (dt.: „Gepriesen sei ..."), Baruch-Formel genannt wird: „Gepriesen bist du, JHWH, unser Gott, König des Alls";**
2. **einem kurzen veränderlichen Teil mit dem jeweiligen Motiv für das Lob.**

Gemäß diesem Schema lautet die Berakah über den Weinbecher beim Tischsegen der jüdischen Mahlfeier (Kiddusch):

Berakah über den Wein: „Gepriesen seist du, JHWH, unser Gott, König der Welt, der die Frucht des Weinstocks schafft."

Die Berakah kann wieder mit einem kurzen Lobpreis abgeschlossen werden, etwa nach der Formel: „Gepriesen bist du in Ewigkeit, Herr, unser Gott." Diese Lobformel ist eine Kurz-Berakah und wird auch Siegel (hebr.: *Chatimah*) genannt.

Ein Tischsegen über das Brot nach dem Vorbild der jüdischen Berakah könnte lauten: „Gepriesen bist du, Herr unser Gott, König der Welt, der du uns das Brot, die Frucht der Erde schenkst. Gepriesen bist du in Ewigkeit, Herr unser Gott." Und dass selbst unsere heutige Eucharistiefeier in der Formulierung ihrer Gebete sehr nahe am Wortlaut des jüdischen Segens ist, sehen wir, wenn wir uns jene Gebete anschauen, die der Priester (leider zumeist leise) bei der Gabenbereitung über die Gaben von Brot und Wein spricht. Dort heißt es zunächst über das Brot (später genauso auch über den Kelch mit Wein):

> „Gepriesen bist du, Herr, unser Gott, Schöpfer der
> Welt. Du schenkst uns das Brot, die Frucht der Erde
> und der menschlichen Arbeit. Wir bringen dieses
> Brot vor dein Angesicht, damit es uns das Brot des
> Lebens werde. Gepriesen bist du in Ewigkeit, Herr,
> unser Gott" (Messbuch 1975, S. 344).

Der Priester spricht also an dieser Stelle eine Berakah, einen kurzen Lobpreis, ganz wie Jesus es als frommer Jude wohl auch beim Abschiedsmahl mit seinen Jüngern getan hat.

Doch was hat es mit dem langen jüdischen Nach-Tischgebet auf sich, der so genannten Birkat ha Mazon?

Die Birkat ha Mazon ist in gewissem Sinn ein Vorläufer unserer heutigen Eucharistischen Hochgebete, jener Gebete also, die den Kern der christlichen Eucharistiefeier bilden. Deshalb lohnt es sich, zunächst deren Struktur genauer zu betrachten. Nach dem eigentlichen Sättigungsmahl folgt das Nach-Tischgebet, das lautet:

> 1. „Gepriesen seist du, JHWH, unser Gott, König der
>   Welt,
>   der die Welt ernährt in Güte, Wohlwollen und
>   Erbarmen.
>   Gepriesen seist du, JHWH, der die Welt nährt."
> 2. „Wir sagen dir Dank, JHWH, unser Gott,
>   dass du uns ein liebenswertes Land zum Erbe gegeben hast (damit wir uns von seinen Früchten
>   nähren und von seinem Ertrag sättigen).
>   Gepriesen seist du, JHWH, unser Gott, für das
>   Land und für die Speise."
> 3. „Erbarme dich, JHWH, unser Gott,
>   über dein Volk Israel, deine Stadt Jerusalem, über
>   Zion, die Wohnung deiner Herrlichkeit, über deinen Altar und deinen Tempel.
>   Gepriesen seist du, JHWH, der Jerusalem baut."
>   [Zitiert nach: Meyer, Eucharistie, 67.]

Das Nach-Tischgebet, die Birkat ha Mazon, ist demnach dreiteilig. Sie besteht aus

1. einem *Lobgebet*: Lob für die Schöpfung. In diesem Gebet wird Gott in seinem Sein für die Gaben der Schöpfung beim vorausgegangenen Mahl gelobt. Es ist von daher präsentisch, also auf die Gegenwart ausgerichtet. Das Gebet wird mit einer kurzen Berakah abgeschlossen.

2. einem *Dankgebet*: Dank für die Erlösung. In diesem Gebet wird Gott für die Auserwählung und für das Land gedankt. Es ist von daher anamnetisch, also auf die Vergangenheit ausgerichtet und bietet außerdem die Möglichkeit eines Einschubs, eines so genannten Embolismus, z. B. für ein aktuelles Tagesgedenken oder allgemein den Dank für die Wundertaten Gottes in der Heilsgeschichte. Das Gebet wird ebenfalls mit einer kurzen Berakah abgeschlossen.

3. einem *Bittgebet*: Bitte um die Vollendung. In diesem Gebet wird Gott gebeten, Barmherzigkeit an Jerusalem zu erweisen. Es ist futurisch, also auf die Zukunft hin ausgerichtet. Auch hier gibt es die Möglichkeit eines Einschubs, eines Embolismus. Dieses Gebet wird ebenfalls mit einer kurzen Berakah abgeschlossen.

Kurz zusammengefasst hat das Nach-Tischgebet die folgende Struktur, wobei beim Sprechen des Gebetes ein Becher mit Wein geleert wird:

🍷	1 Lob für Schöpfung (Gegenwart)	+ Berakah	
↓	2 Dank für Erlösung / Erwählung (Vergangenheit)	+ Berakah	(+ aktueller Embolismus)
🍷	3 Bitte um Vollendung (Zukunft)	+ Berakah	(+ aktueller Embolismus)

! ● Das Lobgebet, das die Grundlage bildet für die verschiedenen Tischgebete im jüdischen Pascha- oder Festmahl, ist die so genannte Berakah.

- Das jüdische Mahl besteht aus drei großen Teilen:
  • Einem Tischsegen mit einer Berakah über Brot und Wein,
  • dem eigentlichen Sättigungsmahl
  • und dem Nach-Tischgebet.

- Das Nach-Tischgebet, die so genannte Birkat ha Mazon, besteht aus drei einzelnen Gebeten: einem Lob-, einem Dank- und einem Bittgebet.

? ● Hilft uns die Grundstruktur des jüdischen Festmahles zu verstehen, was Jesus beim Abschiedsmahl mit seinen Jüngern getan hat?

Wesentliches zur Beantwortung dieser Frage haben wir schon im 1. Kapitel gesagt. Hier noch einmal – ergänzt durch die gerade gewonnenen Erkenntnisse – knapp zusammengefasst:

Es ist anzunehmen, dass Jesus, nachdem er sich mit seinen Jüngern zum Mahl versammelt hatte, zuerst den Tischsegen (Kiddusch) sprach. Hierbei nahm er zuerst den Becher mit Wein, dann auch das Brot und sprach jeweils die an dieser Stelle vorgesehene Berakah.

Anschließend brach er das Brot und reichte es seinen Jüngern. Dies dürfte die Stelle sein, an der er dann auch die Deuteworte über das Brot eingefügt hat (in etwa: „Nehmet, dies ist mein Leib."). Darauf folgte das eigentliche Festmahl (falls es ein Paschamahl war: das Essen des Lammes und der Bitterkräuter).

Nach dem Mahl sprach Jesus wahrscheinlich das große Nach-Tischgebet, die Birkat ha Mazon. Hierbei nahm er, wie oben erwähnt, einen Becher mit Wein. Dieser im Gesamtablauf mit Vortisch (eine Art „Aperitif"), Tischsegen (Kiddusch) und Nach-Tischgebet (Birkat ha Mazon) 3. Becher, wurde auch *Segensbecher* oder *Becher der Preisung* genannt.

In das Nach-Tischgebet (die Birkat ha Mazon) dürfte Jesus in den 2. Teil, das Dankgebet, einen Einschub eingefügt haben, eben in jenen Teil, der dafür vorgesehen war, aktuell und situationsbezogen das Gedächtnis der Heilstaten Gottes aufzunehmen. Und dies war naheliegend in einem Moment des Abschieds von seinen Jüngern. Hier dürften also die Deuteworte über den Wein ihren Platz gehabt haben (in etwa: „Das ist mein Blut, [das Blut] des Bundes, [das] für viele vergossen [wird]"). Der schon in der jüdischen Birkat ha Mazon für den Lobpreis der Großtaten Gottes mögliche Einschub (Embolismus) wird also durch die Deuteworte Jesu inhaltlich neu gefüllt.

? **Und wie ging es nach dem Abendmahl weiter? Wie feierten die ersten Christen das Mahl des Herrn, der ihnen aufgetragen hatte, dieses zu seinem Gedächtnis zu tun?**

Hier gilt es nun als erstes zu rekonstruieren, wie die Jünger unmittelbar nach dem Tod Jesu, also bis etwa 50 n. Chr., das Mahl des Herrn gefeiert haben. Geht man davon aus, dass die biblischen Abendmahlsberichte nicht nur den historischen Ablauf des Letzten Abendmahles Jesu, sondern auch die konkrete liturgische Praxis der Gemeinden zur Zeit der Abfassung der Texte widerspiegeln, so können diese biblischen Texte wertvolle Hinweise auf den Ablauf der Abendmahlsfeier in der ersten Jüngergeneration nach Jesu Tod liefern. Noch einmal sei zur Erinnerung aus 1 Kor 11,23–25 zitiert:

1 Kor 11,23–25

Denn ich habe vom Herrn empfangen, was ich euch dann überliefert habe: Jesus, der Herr, nahm in der Nacht, in der er ausgeliefert wurde, Brot, sprach das Dankgebet, brach das Brot und sagte: Das ist mein Leib für euch. Tut dies zu meinem Gedächtnis! Ebenso nahm er nach dem Mahl den Kelch und sprach: Dieser Kelch ist der Neue Bund in meinem Blut. Tut dies, sooft ihr daraus trinkt, zu meinem Gedächtnis!

An dieser Schriftstelle fallen vor allem zwei Dinge auf:

1. Jesus nimmt in diesem Bericht den Kelch erst „nach dem Mahl". Zieht man hieraus Rückschlüsse auf die liturgische Praxis zur Zeit des Paulus, so bedeutet dies, dass es in den paulinischen Gemeinden durchaus noch üblich war, nach jüdischem Vorbild zwischen dem Tischsegen und dem Nach-Tischgebet ein Sättigungsmahl abzuhalten. Und: Dieses Sättigungsmahl hatte seinen Platz zwischen den Gebeten über das Brot und den Wein.

2. Für Paulus sind die Gebete Jesu über Brot und Wein eindeutig vom Motiv des Dankens her geprägt. Nun hatte sich ja bei der näheren Untersuchung der Birkat ha Mazon gezeigt, dass in diesem Nach-Tischgebet drei unterschiedliche Gebetsmotive (nämlich: Lob – Dank – Bitte) gleichberechtigt nebeneinander stehen. Die paulinische Präferenz für das griechische Verb *eucharistein* entspricht der Rolle des hebräischen Verbs *yadah*, das ebenfalls „danken" bedeutet und das Hauptverb des 2. Teiles der Birkat ha Mazon, des Dankgebetes, ist. Paulus schreibt nicht etwa, dass Jesus ein Lobgebet oder ein Bittgebet sprach: Jesus „sprach das Dankgebet."

Diese Akzentsetzung ist wichtig für unsere folgenden Überlegungen. Zur Erforschung der weiteren Entwicklung soll vor allem der Abendmahlsbericht des Markus dienen:

Mk 14,22–24

Während des Mahls nahm er das Brot und sprach den Lobpreis; dann brach er das Brot, reichte es ihnen und sagte: Nehmt, das ist mein Leib. Dann nahm er den Kelch, sprach das Dankgebet, reichte ihn den Jüngern und sie tranken alle daraus. Und er sagte zu ihnen: Das ist mein Blut, das Blut des Bundes, das für viele vergossen wird.

Auch hier sind wieder zwei Punkte wichtig:

1. Bei Markus heißt es, dass Jesus über das Brot den Lobpreis sprach. Im griechischen Originaltext wird hier das Verb *eulogein* verwendet, das übersetzt „loben", „preisen" bedeutet. Wäre hiermit jene kurze Berakah über das Brot gemeint, die im jüdischen Festmahl ihren Platz vor dem eigentlichen Mahl hat, so wäre die Bezeichnung „Lobpreis" (griech.: *eulogesas*) von Markus durchaus korrekt, denn die Grundgebetsaussage einer Berakah ist ja das Lob. Fest steht jedenfalls, dass bei Markus beide Verben, *eucharistein* und *eulogein*, nebeneinander stehen.

2. Zum zweiten fällt aber auf, dass das eigentliche Mahl offensichtlich nicht mehr eingebettet ist zwischen die Gebete über das Brot und den Becher mit Wein. Es ist anscheinend nach vorne gewandert, sodass jetzt die Handlungen mit Brot und Wein und die jeweiligen Gebete direkt aufeinander folgen.

 Aber warum fällt das Sättigungsmahl in dieser Phase weg? Das ist ja bis heute so geblieben.

Wie sich diese Entwicklung an den verschiedenen Orten im Einzelnen vollzogen hat, wissen wir nicht. Aber eine mögliche Erklärung, wie es dazu kam, dürfte sich in 1 Kor 11 finden. Die „Krise von Korinth" hing ja, wie wir ausführlich betrachtet haben, vor allem damit zusammen, dass vielen in der Gemeinde die Unterschiede zwischen den rituellen Teilen des Herrenmahles und dem Sättigungsmahl nicht klar zu sein schienen. Für Paulus jedenfalls ist das Urteil eindeutig: „Was ihr bei euren Zusammenkünften tut, ist keine Feier des Herrenmahles mehr"; und „wer Hunger hat, soll zu Hause essen; sonst wird euch die Zusammenkunft zum Gericht."

Solche Missstände waren in Korinth maßgeblich dafür verantwortlich, dass das Sättigungsmahl zumindest von einigen zwar noch gemeinsam eingenommen wurde, aber eben getrennt vom rituellen Mahl, bis es schließlich ganz verschwand.

In der Folge rücken die Zeichenhandlungen mit Brot und Wein unmittelbar zusammen. So kommt es dazu, dass die kurze Berakah über das Brot (eigentlich ein Teil des Tischsegens/Kiddusch) wegfällt und schließlich das feierliche Nach-Tischgebet (Birkat ha Mazon) dann schließlich zusammen über Brot *und* Wein gesprochen wird.

Jesus / Abendmahl	Apostel / Jünger
Situation wird beschrieben in:	
Lk 22,14–20 / 1 Kor 11,23–25	Mt 26, 26–29 / Mk 14,22–24
um 50 n. Chr.	um 70 n. Chr.
(Paschamahl/Festmahl)	(modifizierte Form des Festmahles)
Kiddusch (Tischsegen)	Kiddusch
M A H L („nach dem Mahl")	M A H L entfällt! (Komplikationen: 1 Kor 11,17f)
Birkat ha Mazon — LOB DANK BITTE	Birkat ha Mazon — LOB DANK BITTE

2.2 Die syrisch-palästinensische Tradition am Beispiel der Didache

Aus dieser ursprünglichen Form des Herrenmahles haben sich dann in der frühen Kirche verschiedene Traditionen entwickelt. Dabei ist besonders zu beachten, dass die frühe Kirche auf der einen Seite um die Unwiederholbarkeit des im Abendmahlssaal Geschehenen weiß, sich aber auf der anderen Seite an den Willen Jesu, der sich im Wiederholungsbefehl „Tut dies zu meinem Gedächtnis!" artikuliert, gebunden sieht. Auf diesem Weg vom Abschiedsmahl Jesu zum gottesdienstlichen Tun der nachösterlichen Gemeinde wird die Birkat ha Mazon zum Eucharistiegebet.

? **Gibt es Zeugnisse aus diesen frühen Gemeinden, die uns Aufschluss darüber geben, wie die weitere Entwicklung der Eucharistie vonstatten ging?**

Ein Beispiel eines entsprechenden Textes ist die so genannte „Didache", die wir schon im ersten Band des Grundkurses kennen gelernt haben. Bei dieser Didache, auch 12-Apostel-Lehre genannt, handelt es sich um eine erst im 19. Jahrhundert entdeckte Gemeindeordnung (entstanden wohl zwischen 80 und 100 n. Chr.), die im für uns hier zentralen 9./10. Kapitel ein Eucharistiegebet enthält. Dieses Gebet weist große Ähnlichkeiten mit dem jüdischen Nach-Tischgebet auf:

„9.1. Betreffs der Eucharistie, sagt folgendermaßen Dank:

2. Zuerst betreffs des Bechers:
Wir danken dir, unser Vater, für den heiligen Weinstock Davids, deines Knechtes, den du durch Jesus, deinen Knecht, offenbart hast.
Dir sei Herrlichkeit in Ewigkeit. [Amen]

3. Betreffs des Brotes:

Wir danken dir, unser Vater, für das Leben und die Erkenntnis, die du uns durch Jesus, deinen Knecht, offenbart hast.

Dir sei Herrlichkeit in Ewigkeit. [Amen]

4. Wie dieses Brot verstreut war auf den Bergen und zusammengebracht eins wurde, so bringe deine Kirche zusammen von den Enden der Erde in dein Reich. Denn dein ist die Herrlichkeit und die Kraft in Ewigkeit.

[Amen]

5. Keiner aber soll essen noch trinken von eurer Eucharistie, außer den Getauften auf den Namen des Herrn. Denn auch hierüber hat der Herr gesagt: Gebt das Heilige nicht den Hunden."

„10.1. Nach der Sättigung sagt folgendermaßen Dank:

2. Wir danken dir, heiliger Vater, für deinen heiligen Namen, dem du ein Zelt bereitet hast in unserem Herzen, und für die Erkenntnis und den Glauben und die Unsterblichkeit, die du uns zu erkennen gabst durch Jesus, deinen Knecht. Dir sei Herrlichkeit in Ewigkeit. [Amen]

3. Du Herr, Allherrscher, hast alles erschaffen um deines Namens willen. Speise und Trank hast du den Menschen gegeben zur Erquickung, damit sie dir danken. Uns aber hast du geistliche Speise und Trank geschenkt zum ewigen Leben, durch Jesus, deinen Knecht.

4. Für alles danken wir dir, weil du mächtig bist. Dir sei Herrlichkeit in Ewigkeit. [Amen]

5. Gedenke, Herr, deiner Kirche, sie zu entreißen allem Bösen und sie zu vollenden in deiner Liebe; und führe sie zusammen von den vier Winden, die geheiligte, in dein Reich, das du ihr bereitet hast. Denn dein ist die Kraft und die Herrlichkeit in Ewigkeit. Amen.

> 6. Es komme die Gnade, und es vergehe die Welt!
> Amen. Hosanna dem Hause Gottes [...]! Ist einer hei-
> lig, trete er hinzu; wenn einer es nicht ist, tue er Buße.
> Maranatha. Amen.
> 7. Den Propheten aber gestattet Dank zu sagen soviel
> sie wollen."
> [Zitiert nach: Meyer, Eucharistie, 92/93.]

Zuerst fällt auf, dass sowohl der Gebetsteil vor dem eigentlichen Mahl (9.2–4), als auch derjenige nach dem Mahl (10.2–5) aus drei Teilen bestehen. In diesem Punkt herrscht also Übereinstimmung mit den jüdischen Mahlgebeten (Kiddusch und Birkat ha Mazon).

Das erste Gebet des ersten Teils (Kap. 9) wird über einen Becher mit Wein gesprochen. Es beginnt jedoch nicht, wie man vermuten könnte, mit einer kurzen Berakah, sondern mit einem Dankgebet. Dabei fallen zwei Beobachtungen auf: In Did 9,2 wird zunächst, in Anspielung auf Psalm 80, König David genannt: „Wir danken dir, unser Vater, für den heiligen Weinstock Davids." Es geht hier also weniger um den konkreten Wein im Becher des Beters, sondern dieser Wein wird geistlich/spirituell gedeutet. Der jüdische Tischsegen wird also – so der Fachausdruck – in der Didache *spiritualisiert*.

Zum anderen bleibt das Gebet aber nicht beim Bild des Weinstocks aus Psalm 80 stehen, sondern spielt auf Joh 15, die Rede von Jesus Christus als dem Weinstock, an und identifiziert Jesus Christus mit dem Weinstock Davids: „Wir danken dir, unser Vater, für den heiligen Weinstock Davids, deines Knechtes, den du durch Jesus, deinen Knecht, offenbart hast." Mit dem Fachausdruck lässt sich dieser Vorgang der Deutung des Textes auf Christus hin bezeichnen als Christologisierung: Der ursprüngliche Text des jüdischen Tischsegens wird *christologisiert*.

Am Schluss steht auch nicht mehr, wie sonst bei einer Berakah üblich, die Floskel der Chatimah („Gepriesen bist du in Ewigkeit, Herr, unser Gott!"), sondern eine kleine Doxologie, also ein feierliches Dankgebet, das die Herrlichkeit (griech.: doxa = Schein, Glanz) Gottes lobpreist.

Das zweite Gebet wird über das Brot gesprochen. Es beginnt ebenfalls mit einer Danksagung. Auch hier wird zuerst das Geschehen spiritualisiert und dann christologisiert, indem das Brot als Brot des Lebens und der Erkenntnis (vgl. Joh 6) auf Jesus Christus hin gedeutet wird: „Betreffs des Brotes: Wir danken dir, unser Vater, für das Leben und die Erkenntnis, die du uns durch Jesus, deinen Knecht, offenbart hast."

Dieses Gebet endet ebenfalls mit einer kleinen Doxologie, worauf ein fürbittendes Gebet (die so genannte *Tefillah*) folgt; diese wird mit einer großen Doxologie abgeschlossen. Anschließend fand das eigentliche Mahl statt, das es also in dieser frühchristlichen Tradition noch gegeben hat.

Nach dem Mahl beginnt der zweite rituelle Teil (Kap. 10) mit einem Dankgebet. Dieser Text verweist auf die Taufe, die als „Wohnung nehmen Gottes im Herzen der Menschen" bezeichnet wird: „10.2 Wir danken dir, heiliger Vater, für deinen heiligen Namen, dem du ein Zelt bereitet hast in unserem Herzen, und für die Erkenntnis und den Glauben und die Unsterblichkeit, die du uns zu erkennen gabst durch Jesus, deinen Knecht."

Ein zweites Gebet dankt für die Speise der Eucharistie: „10.3 Du Herr, Allherrscher, hast alles erschaffen um deines Namens willen. Speise und Trank hast du den Menschen gegeben zur Erquickung, damit sie dir danken. Uns aber hast du geistliche Speise und Trank geschenkt zum ewigen Leben, durch Jesus, deinen Knecht." Beide Dankgebete münden in eine kleine Doxologie.

Das dritte Gebet ist ein Bittgebet und richtet sich in einem endzeitlichen Ausblick, also eschatologisch, auf die Vollendung der Kirche: „10.5 Gedenke, Herr, deiner Kirche, sie zu entreißen allem Bösen und sie zu vollenden in deiner Liebe; und führe sie zusammen von den vier Winden, die geheiligte, in dein Reich, das du ihr bereitet hast."

Den Endpunkt bildet eine große Doxologie. Im Gesamtablauf folgen nun noch drei Akklamationen, die aber für unsere Überlegungen hier keine Bedeutung haben.

? **Welche Gemeinsamkeiten und welche Unterschiede zeigen sich, wenn man den Ablauf der Didache mit der des jüdischen Festmahles vergleicht?**

Vergleich der Struktur des jüdischen Sabbatmahles mit der Struktur der Didache:

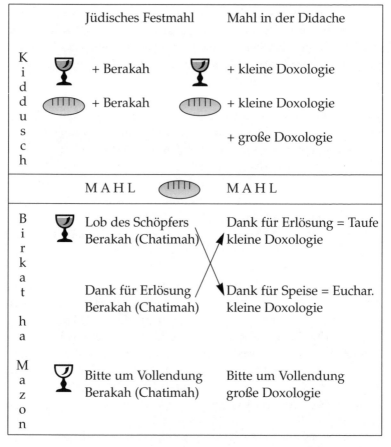

Schon auf den ersten Blick fällt auf, dass beide Mahlfeiern sehr ähnlich ablaufen. Genauso werden aber auch die Unterschiede zwischen beiden deutlich, auf die nun näher eingegangen werden soll.

Zuerst einmal fällt die Spiritualisierung der Gebete auf. Aus dem Dank für die konkrete leibliche Nahrung im jüdischen Tischsegen (Kiddusch) wird in der Didache der Dank für die geistliche Speise und den geistlichen Trank. Aus dem Dank für das gelobte Land wird hier in der Didache der Dank für den Namen Gottes, der Wohnung im Herzen der Gläubigen nimmt.

Der deutlichste Unterschied liegt aber in der Veränderung des Nach-Tischgebetes, der Birkat ha Mazon: Zunächst einmal wird die Reihenfolge vertauscht: Der Dank für die Erlösung rückt an die erste Stelle und das Lobgebet, das im jüdischen Nach-Tischgebet an dieser Stelle stand, fällt weg. An seine Stelle tritt ein weiteres Dankgebet für die geistliche Speise der Eucharistie. Das heißt aber, dass der Gedanke, Gott als Schöpfer zu loben, völlig verschwindet. Diese Tendenz ist in der gesamten Didache zu beobachten. So wird jede Berakah durch eine Danksagung (*eucharistein*) ersetzt, ja selbst die Schlussfloskel der Berakah („Gepriesen bist du in Ewigkeit …") am Ende eines Gebetes wird nun durch eine Doxologie ersetzt.

? ● **Welches Motiv mag dafür ausschlaggebend gewesen sein, dass eine frühe judenchristliche Gemeinde derartig konsequent ein ursprüngliches Lobgebet zu einem Dankgebet umgestaltet?**

Hinter diesen beobachteten Phänomenen ist sicher ein theologisches Motiv zu vermuten. Denn die Umwandlung jedes Lobgebetes in ein Dankgebet geschieht mit einer Konsequenz, die schon auffällig ist: Anstatt Lobpreis steht nun die Danksagung im Mittelpunkt. Um die Motive, die hinter dieser Veränderung zu vermuten sind, richtig einordnen und verstehen zu können, ist es aber wichtig, sich zunächst die Zeitstruktur des jüdischen Nach-Tischgebetes anzuschauen.

Wir erinnern uns: Das jüdische Nach-Tischgebet besteht aus drei Teilen, aus Lob, Dank und Bitte. Diese drei verschiedenen Teile lassen sich drei verschiedenen Zeitebenen zuordnen:

Dank	Lob	Bitte
Vergangenheit	Gegenwart	Zukunft

Der Betende steht zunächst in der Gegenwart Gottes: Er lobt Gott im „Hier und Jetzt". Darauf besinnt er sich der vergangenen Heilstaten Gottes, er dankt Gott für sein Heilshandeln in der Vergangenheit, um dann schließlich – im Vertrauen darauf, dass Gott treu ist, und seine Verheißungen erfüllen wird – eine Bitte an Gott zu richten, die sich auf die Zukunft bezieht.

Den Dank für die vergangenen Heilstaten Gottes nennt man auch Gedächtnis oder (griech.) Anamnese. Die Bitte für die Zukunft nennt man auch (griech.) Epiklese. Diese Grundstruktur von Anamnese/Epiklese, von Gedächtnis und Bitte, ist *die* Grundstruktur jüdisch-christlichen Betens. Und in dieser Grundstruktur schlägt sich auch die Zeitlichkeit/Geschichtlichkeit des menschlichen Daseins nieder, die wir im ersten Band des Grundkurses betrachtet haben.

Wir können also an dieser Stelle ein beliebiges Tagesgebet aus dem Messbuch auswählen und werden feststellen, dass sich diese Grundstruktur darin wiederfindet. So heißt es etwa im Tagesgebet vom Ostersonntag:

Allmächtiger, ewiger Gott,	Anrede
am heutigen Tag hast du durch deinen Sohn den Tod besiegt und uns den Zugang zum ewigen Leben erschlossen. Darum begehen wir in Freude das Fest seiner Auferstehung.	Dank – Gedächtnis – Anamnese

Schaffe uns neu durch deinen Geist, damit auch wir auferstehen und im Licht des Lebens wandeln.	Bitte – Epiklese
Darum bitten wir durch Jesus Christus.	Schlussformel

Was bedeutet es nun aber, wenn aus einem Nach-Tischgebet, das ursprünglich die Struktur Lob – Dank – Bitte aufweist, ein Gebet wird mit der Struktur: Dank – Dank – Bitte (wie bei der Didache)?

Um diese Frage zu beantworten, müssen wir noch einmal genauer schauen, was in der so genannten Anamnese geschieht. Der Liturgiewissenschaftler Hans Bernhard Meyer erklärt die Anamnese im liturgischen Gebet so:

> Anamnese ist die „[…] durch die liturgische Feier […] vermittelte Gleichzeitigkeit der Feiernden zu den historisch vergangenen, aber auch zu den für die Zukunft verheißenen Heilstaten, an denen sie Anteil gewinnen, sowie Begegnung mit deren personalem Grund, dem dreifaltigen Gott und dem verherrlichten Herrn […]." [Meyer, H.B., Art. Anamnese, V. Liturgisch, in: LThK[3] I, 592]

Es geht bei der Anamnese, der Feier des Gedächtnisses, also nicht darum, dass wir uns subjektiv an etwas erinnern, sondern durch die Anamnese der Heilstaten Gottes in der liturgischen Feier werden diese sogar – so Meyer – gegenwärtig, ja wir sind gleichzeitig mit diesen Ereignissen. Um das an einem Beispiel zu verdeutlichen:

Zum Ersten wissen wir alle, dass Geschichte immer auch Auswirkungen auf die Gegenwart hat. Wenn ich mit meinen theologischen Lehrern spreche, die zur Zeit des II. Vatikanischen Konzils selbst Theologie studiert haben, dann merke ich an der Begeisterung in ihrem Erzählen, am Leuchten der Augen, immer noch etwas von der Begeisterung, vom Aufbruch, den das letzte Konzil in dieser Generation von Theologinnen und Theologen geweckt hat. Auch wenn das eigentliche historische Ereignis länger schon zurückliegt, so hat es doch ganz konkrete Auswirkungen auf das „Hier und Jetzt".

Zum Zweiten: Anamnese der Heilstaten Gottes meint aber noch mehr und nicht etwa nur eine „fromme Erinnerung". Erinnern wir uns an die jüdische Paschafeier. Auch wenn heute, im Jahr 2004, eine jüdische Familie Pascha feiert, stellt der jüngste Teilnehmer dem Hausvater die Frage: Warum ist diese Nacht so anders als alle anderen Nächte? Und der Hausvater antwortet: Einst waren wir Sklaven, jetzt (!) sind wir frei!

Die Befreiung Israels aus der Knechtschaft Ägyptens wird demnach als ein gegenwärtiges Ereignis erzählt. Die Anamnese dieses Heilsereignisses ist nicht der Bericht von etwas Vergangenem, nein, das Heilshandeln Gottes geschieht hier und jetzt, obwohl der Durchzug der Israeliten auf der Flucht vor dem Pharao, Jahrhunderte, ja sogar Jahrtausende zurückliegt.

Hans Bernhard Meyer würde sagen: Die zum Pascha-Mahl versammelte jüdische Familie ist gleichzeitig mit dem Ereignis, und sie erhält Anteil an der durch dieses Heilshandeln Gottes geschenkten Freiheit.

? Und was hat dieses Gedächtnis der Heilstaten Gottes nun mit der Umformung der Grundstruktur der Birkat ha Mazon in der Didache von Lob – Dank – Bitte in Dank – Dank – Bitte zu tun?

Sehr viel, denn schon für die ersten Christen war *das* entscheidende Heilsereignis, dessen Gedächtnis man beging, das Handeln Gottes in seinem Sohn Jesus Christus. Wir hatten ja gesehen, dass alle Texte der jüdischen Mahlfeier zunächst konsequent auf Jesus Christus hin umgeformt wurden, wir können sagen: Sie wurden *christologisiert*.

Damit ergab sich aber auch eine generelle Verschiebung: Das Lob Gottes für die Schöpfung, das ursprünglich an erster Stelle

80

des Nach-Tischgebetes stand, trat gegenüber dem Dank für das, was Gott in seinem Sohn Jesus Christus getan hatte, in den Hintergrund. Der Dank für das Handeln Gottes in Jesus Christus wurde zum alles bestimmenden Motiv. Wir können also sagen: Die Texte wurden *eucharistisiert*, sie wurden vom Dankmotiv gänzlich durchwirkt.

Deshalb sprechen wir auch von der „Feier der Eucharistie", was ja Danksagung bedeutet, wenn wir die Messe meinen. Sogar in der Bezeichnung wird deutlich, dass der Dank das zentrale Motiv dieser Feier ist. Es geht in der Feier der Eucharistie zuallererst um die Danksagung für das Heilshandeln Gottes in seinem Sohn Jesus Christus.

Dieses Heilshandeln nennt das II. Vatikanische Konzil sehr treffend „Paschamysterium" (SC, Art. 5): Christliche Liturgie – so hatten wir schon in GKL 1/S. 97, gesehen – ist immer zunächst Feier des Paschamysteriums Christi, des österlichen Heilshandelns Gottes in seinem Sohn Jesus Christus.

In der Feier der Eucharistie tritt nun dieser Aspekt des Dankes in den Vordergrund – wie es heute sehr treffend die anamnetische, das Gedächtnis zum Ausdruck bringende Akklamation der Gemeinde im Eucharistischen Hochgebet zeigt:

> „Deinen Tod, o Herr, verkünden wir, und deine Auferstehung preisen wir, bis du kommst in Herrlichkeit."
> Und der Priester fährt im II. Hochgebet fort:
> „Darum, gütiger Vater, feiern wir das Gedächtnis des Todes und der Auferstehung deines Sohnes [...]. Wir danken dir, dass du uns berufen hast vor dir zu stehen und dir zu dienen."

In der Feier des Gedächtnisses von Leiden, Tod und Auferstehung bringen wir unseren Dank vor Gott und feiern so Danksagung, Eucharistie, für die Heilstaten Gottes in seinem Sohn Jesus Christus.

Im ersten Band des GKL hatten wir ja schon die Unterscheidung von Sinngehalt und Feiergestalt der Liturgie eingeführt. Man kann also sagen, der Sinngehalt wird ganz durch das Christusereignis bestimmt: Die Feier des Brotbrechens ist lobpreisendes Gedächtnis des Heilshandelns Gottes in Jesus Christus.

Hierdurch ändert sich (im Vergleich zur Feier des Festsabbat-/ Paschmahles) auch die Feiergestalt, denn es findet eine Reduktion statt: Der Dank steht nun im Mittelpunkt, das Gedächtnis von Leiden, Tod und Auferstehung Jesu, und das Handeln mit den Gaben von Brot und Wein.

 Der Sinngehalt der eucharistischen Liturgie ist das lobpreisendes Gedächtnis (Anamnese) der Heilstaten Gottes in Jesus Christus. Dieser Sinngehalt der Feier der Eucharistie bleibt immer gleich, ob in den frühen Texten, wie z. B. in der Didache, oder in den späteren liturgischen Texten, die wir noch untersuchen werden, bis heute. Nur die Feiergestalt ändert sich und passt sich der um den Tisch des Herrn versammelten Gemeinde an (vgl. SC, Art. 21).

2.3 Die hellenistisch-heidenchristliche Tradition am Beispiel des Hochgebets der Traditio Apostolica

Um zu zeigen, wie stark das Dank-Motiv sich in der weiteren Entwicklung der Eucharistischen Hochgebete durchsetzte, wollen wir noch einen Blick in das Eucharistiegebet der Traditio Apostolica (TA) werfen. Wir hatten diesen Text schon in Band I des GKL kennen gelernt. Er ist wahrscheinlich um 200 n. Chr. in einer heidenchristlichen Gemeinde entstanden.

„Die Diakone sollen ihm [dem neugeweihten Bischof] die Gaben bringen und er soll, indem er zusammen mit dem ganzen Presbyterium die Hände darüber ausbreitet, danksagen und sprechen:

Der Herr sei mit euch.

Und alle sollen antworten: Und mit deinem Geiste.

(Er sagt:) Erhebt eure Herzen.

(Und das Volk sagt:) Wir haben sie beim Herrn.

(Er sagt:) Laßt uns danksagen dem Herrn.

(Und das ganze Volk sagt:) Das ist würdig und recht.

Und dann soll er so fortfahren:

Wir sagen dir Dank durch deinen geliebten Knecht Jesus Christus, den du in dieser Endzeit uns als Retter, Erlöser und Boten deines Willens gesandt hast, der dein (von dir) untrennbares Wort ist, durch das du alles geschaffen hast, und den du nach deinem Wohlgefallen vom Himmel gesandt hast in den Schoß der Jungfrau, und der, in ihrem Mutterschoß empfangen, sich als dein Sohn offenbart hat, geboren aus dem Hl. Geist und der Jungfrau, der, deinen Willen erfüllend und dir ein heiliges Volk erwerbend, seine Hände ausgebreitet hat, als er litt, um vom Leiden zu befreien alle, die an dich glauben, der, als er aus (seinem) freien Willen dem Leiden überliefert wurde, damit er den Tod zerstöre, die Fesseln Satans zerbreche, die Unterwelt mit Füßen trete, die Gerechten erleuchte, eine Grenze [dem Tod] festsetze, und die Auferstehung offenbare, das Brot nahm und dir Dank sagend sprach:

Nehmet, esset, das ist mein Leib, der für euch gebrochen wird. Ebenso den Kelch, indem er sprach: Das ist mein Blut, das für euch vergossen wird. Wenn ihr dies tut, tut es zu meinem Gedächtnis.

Eingedenk also seines Todes und seiner Auferstehung, bringen wir das Brot und den Kelch (dar), dir Dank sagend, dass du uns gewürdigt hast, vor dir zu stehen und dir (priesterlich) zu dienen.

Und wir bitten dich, dass du deinen Hl. Geist sendest auf die Gabe deiner heiligen Kirche. Sie in eins sammelnd gib allen, die teilhaben an den heiligen (Geheimnissen), erfüllt zu werden mit Hl. Geist zur Stärkung des Glaubens in der Wahrheit, damit wir dich loben und verherrlichen durch deinen Knecht Jesus Christus, durch den dir Ruhm und Ehre sei (dem Vater und dem Sohn) mit dem Hl. Geist in deiner heiligen Kirche, jetzt und in alle Ewigkeit.

Amen."

[Zitiert nach: Meyer, Eucharistie, 104 f.]

Versucht man dieses Eucharistiegebet zu gliedern, so stellt man fest, dass das ganze Gebet im Wesentlichen aus drei Hauptsätzen besteht, von denen dann die restlichen Gebetsaussagen in Form untergeordneter Nebensätze abhängig sind. Diese Grobgliederung sieht folgendermaßen aus:

> I) Wir sagen dir Dank ... durch Jesus Christus,
>> den du in dieser Endzeit...
>> der dein untrennbares Wort ist...
>>> durch das du alles geschaffen hast
>> den du geschickt hast...
>> der ... empfangen
>> der ... sich offenbart hat
>> der ... seine Hände ausgebreitet hat
>> der sagte,
>>> damit ...
>>> damit ...
>>> damit ...
> II) bringen wir ... dar
> III) Und wir bitten dich ...

84

Diese Darstellung ermöglicht es noch, eine in Resten vorhandene drei-gliedrige Struktur wahrzunehmen. Auch die Reihenfolge der drei Hauptprädikate ist interessant: „Wir sagen Dank", „wir bringen dar", „wir bitten". Das ganze Eucharistiegebet ist demnach völlig von der Vorstellung des „Dankes" geprägt, zumal, wenn man das Danksagen und das Darbringen als thematische Einheit sieht. Von der Länge her ist der Bitteil dann der mit Abstand kürzeste.

Vergleicht man die Struktur des jüdischen Festmahles, der Didache und des Eucharistiegebetes der TA, so ergibt sich folgendes Bild:

Der augenfälligste Unterschied zum Eucharistiegebet der Didache besteht bei der TA wohl in der Einheitlichkeit der Form. Das Eucharistiegebet der TA setzt sich nicht mehr aus drei voneinander unabhängigen Einzelgebeten zusammen, es ist vielmehr ein durchlaufender Gebetstext.

Durch den sich immer deutlicher abzeichnenden rituellen Charakter der Eucharistie wird die Trennung vom Sättigungsmahl endgültig vollzogen. Im Gegensatz zur Didache ist in der TA keine Rede mehr von einem etwaigen Sättigungsmahl.

Auch ist in der TA die Grundstruktur Lob-Dank-Bitte endgültig aufgegeben worden zugunsten der Struktur Dank-Bitte / Anamnese-Epiklese: Das Eucharistiegebet der TA besteht im Wesentlichen einem großen anamnetischen Dankgebet und einer angehängten Epiklese. Auffällig im Dank-Teil ist die Konsequenz, mit der der Verfasser die Christus-Anamnese in den Mittelpunkt rückt, denn hier dominiert nur noch der Dank für das in Jesus Christus geschenkte Heil, während dem Lobpreis Gottes um seiner selbst willen kein Platz eingeräumt wird.

? **Heute enthält jedes Eucharistische Hochgebet die Worte, die Jesus im Abendmahlssaal gesprochen hat. Aber wieso kommen diese Einsetzungsworte im Eucharistiegebet der Didache nicht vor, in der TA aber sehr wohl? Fehlt damit in der Didache nicht ein entscheidender Teil?**

Der große Unterschied zwischen dem Eucharistiegebet der TA und dem der Didache liegt sicher im Vorkommen der Einsetzungsworte, die ja in der Didache nicht enthalten waren. Durch die Einfügung der Herrenworte in das Eucharistiegebet der TA entsteht innerhalb des Eucharistiegebetes ein neuer Brennpunkt.

Dieser „Einsetzungsbericht" hat jedoch nicht nur erzählenden Charakter. Er ist als der Grund, ja geradezu als Ermächtigung für die Feier des Herrenmahles vom Gedächtnisauftrag Jesu her zu verstehen: „Tut dies zu meinem Gedächtnis!"

Das heißt aber: Dieses Eucharistiegebet begründet überhaupt erst die Zeichenhandlung mit Brot und Wein. Es ist konstitutiv für das Geschehen, genauso wie die durch dieses Gebet „eucharistisierten" Mahlgaben konstitutiv sind.

Allerdings sind die Einsetzungsworte auch „relativ" zu sehen, im eigentlichen Sinn des Wortes. Die Einsetzungsworte sind schon grammatikalisch relativ (d. h. abhängig) innerhalb des Satzgefüges, in das sie eingebunden sind, und dessen Grundaussage lautet: „Wir sagen dir Dank." Die starke Einbindung der Einsetzungsworte belegt dabei die Sicht des Eucharistiegebetes als eine große zusammenhängende Einheit.

Erst zu späteren Zeiten versuchte man den Moment genauer zu bestimmen, bei dem beim Sprechen des Eucharistischen Hochgebetes die „Wandlung" geschieht. Man suchte den so genannten Konsekrationsmoment, versuchte also innerhalb des Eucharistischen Hochgebets, das ja in sich schon den Höhepunkt der gesamten Eucharistiefeier darstellt, noch einmal dessen genauen Höhepunkt zu bestimmen.

Und es ist durchaus nicht unlogisch, wenn von großen Theologen wie Ambrosius von Mailand († 397 n. Chr.) dieser Höhepunkt zeitlich festgemacht wurde am Sprechen der Einsetzungsworte: Im Sprechen jener Worte, mit denen Jesus Christus selbst im Abendmahlssaal die Gaben von Brot und Wein als seinen Leib und sein Blut gedeutet hat, geschieht der dichteste Rückbezug zum Ursprungsgeschehen [vgl. dazu auch DH 1321 u. 1352]. So hat man auch in späteren Jahrhunderten diesen Moment besonders festlich gestaltet: Die Gaben werden nach dem Sprechen der Einsetzungsworte hoch erhoben und dem Volk zur Verehrung und Anbetung gezeigt, sie werden mit Weihrauch inzensiert, die Messdiener läuten mit Glocken, um auf diesen zentralen Moment aufmerksam zu machen.

Wir werden uns mit der Frage der Wandlung der Gaben von Brot und Wein in den Leib und Blut des Herrn im nachfolgenden dritten Kapitel noch genauer befassen. Für unsere Überlegungen hier genügt es festzuhalten, dass die untersuchten Eucharistischen Hochgebete der frühen Kirche eine solche Konzentration auf einen Wandlungsmoment, wie sie in späteren Jahrhunderten vorliegt, noch nicht kennen: Das *gesamte* Eucharistische Hochgebet bewirkt die Konsekration der Gaben – so die Auffassung der frühen Kirche –, und die versammelte Gemeinde unterstreicht und bestätigt dies durch das festliche „Amen" am Ende des Eucharistischen Hochgebets. Dass es innerhalb des Eucharistischen Hochgebets nicht nur auf die Einsetzungsworte ankommt, zeigt eine Entscheidung des Päpstlichen Rates für die Einheit der Christen aus dem Jahr 2001. In einem Dokument zur Eucharistiegemeinschaft mit einer bestimmten Kirche des Ostens, den so genannten Chaldäern, hat Rom erstmals ein Eucharistisches Hochgebet anerkannt (die so genannte „Anaphora von Addai und Mari"), das die Einsetzungsworte nicht enthält. [Päpstlicher Rat zur Förderung der Einheit der Christen, Richtlinien für die Zulassung der Eucharistie zwischen der Chaldäischen Kirche und der Assyrischen Kirche des Ostens vom 20. 7. 2001, in: OR v. 26. 10. 2001, 7 f.; KNA-Dokumentation Nr. 1 v. 2. 1. 2002.] Die Begründung des Päpstlichen Einheitsrates ist dabei, dass ja auch diese kirchlichen Gemeinschaften mit ihren sehr alten, ehrwürdigen Gebetstexten, von Anfang an das tun, was ihnen von Jesus aufgetragen wurde: „Tut dies zu meinem Gedächtnis!"

Sie tun – wie die Gemeinde der Didache ja auch –, was Jesus selbst im Abendmahlssaal getan hat: Sie nehmen Brot und Wein und sprechen ein lobpreisendes Dank-Gebet darüber. Im ersten Teil des Gebets danken sie Gott für sein Heilshandeln in seinem Sohn Jesus Christus und im zweiten Teil bitten sie Gott um die Herabsendung seines Heiligen Geistes auf die Gaben und die Gemeinde.

Welche Funktion hat dann das abschließende Bittgebet / die Epiklese?

Auch das am Schluss stehende, futurisch formulierte Bittgebet, die Epiklese, wird in Bezug zu der hier vollzogenen Handlung gesetzt. Denn der Geist wird nicht nur auf die Gaben der Kirche herabgerufen, sondern auch auf die Kirche selbst, auf die gerade in diesem Moment um den Altar versammelte Gemeinde.

War das Bittgebet am Schluss der Didache von einem zeitlich unbestimmten endzeitlichen, futurischen Ausblick (Eschatologie) geprägt, wird der Text der TA hier ganz konkret: Alle, die an den heiligen Geheimnissen teilhaben, sollen erfüllt werden vom Heiligen Geist, damit sie in eins gesammelt, im Glauben, in der Wahrheit gestärkt Gott loben und verherrlichen.

Auch in der TA wird somit deutlich, dass das eigentliche Ziel der Feier der Eucharistie die Teilhabe an der Gemeinschaft mit Jesus Christus ist: Wir sollen verwandelt werden. Wandlung bedeutet: Wandlung unserer selbst. Aus einsamen, sündigen, ich-bezogenen Menschen sollen wir verwandelt werden in die Gemeinschaft von Jüngerinnen und Jüngern Jesu, in die eine, heilige Kirche. Damit steht aber das Bittgebet nicht allein, quasi als isolierter Schluss, sondern bildet wiederum eine Einheit mit dem großen Dankgebet des Anfangs. Und dieses Gebet wird – wie wir schon in Band 1 des GKL bei Justin dem Märtyrer gesehen hatten – ratifiziert, bestätigt und abgeschlossen durch das „Amen" der Gemeinde (Iustinus Martyr, Apologie c. 65, in: GKL 1/S. 75 ff.)

Traditio Apostolica	Strukturelement:	Funktion:
Er sagt: Der Herr sei mit euch …	Einleitungs-dialog	Vorbereitung und Ein-stimmung
Wir sagen dir Dank durch deinen geliebten Knecht Jesus Christus …	Anamnese (allgemein)	Gedächtnis des Heils-handelns Gottes in seinem Sohn Jesus Christus

Traditio Apostolica	Strukturelement:	Funktion:
der, als er aus (seinem) freien Willen dem Leiden überliefert wurde …	Einsetzungsworte (mit Rahmen)	Rückbindung an das Ursprungsgeschehen: „Tut dies zu meinem Gedächtnis!"
Eingedenk also seines Todes und seiner Auferstehung …	Anamnese (speziell)	Konzentration auf Leiden, Tod und Auferstehung Jesu; Sich-Einbeziehen-lassen in die Hingabebewegung Jesu zum Vater
Und wir bitten dich, dass du deinen Hl. Geist sendest …	Epiklese	Herabrufung des Gottesgeistes zur Wandlung der Gaben und damit zur Wandlung unserer selbst.
damit wir dich loben und verherrlichen durch deinen Knecht Jesus Christus …	Schlussdoxologie + Amen der Gemeinde	Ratifizierung des Gebetsgeschehens durch die versammelte Gemeinde

- **Im Eucharistiegebet der Traditio Apostolica liegt ein einheitliches, durchformuliertes Gebet vor, das inhaltlich vom Gedanken des Danksagens bestimmt ist.**
- **Ähnlichkeiten zu den jüdischen Mahlgebeten sind im Gegensatz zur Didache, wo diese leicht zu erkennen waren, kaum noch festzustellen.**
- **Der Dank für die am Kreuz geschehene Erlösung wird zu dem zentralen theologischen Gedanken der Eucharistiegebete.**
- **Der schon in der jüdischen Birkat ha Mazon für den Lobpreis der Großtaten Gottes mögliche Einschub (Embolismus) wird durch die Einsetzungsworte inhaltlich neu gefüllt.**

2.4 Und wie ging es weiter? Die Grundstruktur der Feier der Eucharistie bis zum II. Vatikanischen Konzil

Es würde an dieser Stelle zu weit führen, die Entwicklung der Eucharistiefeier in allen nachfolgenden Jahrhunderte mit der gleichen Intensität zu betrachten. Wichtig erscheint, dass wir für unsere weiteren Überlegungen festhalten können: Bereits in der frühen Kirche wurden die wichtigsten Weichenstellungen vorgenommen. Die christliche Eucharistiefeier, so hatten wir auch schon in GKL 1/S. 77 bei der Beschreibung der Feier des Herrenmahles zur Zeit Justins des Märtyrers gesehen, setzt sich aus zwei großen Teilen zusammen:

Wortgottesdienst	Eucharistie

Diese Grundstruktur bleibt durch die Jahrhunderte erhalten und findet sich in allen eucharistischen Liturgien, sowohl in der röm.-kath. Kirche, als auch in den meisten übrigen christlichen Konfessionen, sodass man mit dem Liturgiewissenschaftler Reinhard Meßner sogar von einem „Messschema" sprechen kann [Einführung, 168 ff.].

Bereits ganz zu Beginn dieses Bandes hatten wir betrachtet, wie sich dieses Schema in unserer Eucharistiefeier gemäß der Liturgiereform des Zweiten Vatikanums weiter entfaltet. Hier nochmals zur Erinnerung ein grober Überblick:

Wortgottesdienst:	Eucharistie:
Schriftverkündigung (biblische Lesungen) Schriftauslegung (Predigt) Fürbitten (Allgemeines Gebet)	Bereitung der Gaben Eucharistisches Hochgebet Kommunion

Neben dieser Grundstruktur der Gesamtfeier sind es aber auch einzelne Elemente, die sich seit der Zeit der frühen Kirche kaum verändert haben. Das wichtigste Element ist das Eucharistische Hochgebet. Vergleichen wir etwa das Eucharistiegebet der Traditio Apostolica, das wir gerade kennen gelernt haben, mit dem II. Hochgebet aus unserem heutigen Messbuch, zeigen sich im Aufbau erstaunliche Parallelen. Elemente, die seit der Zeit der frühen Kirche noch dazugekommen sind und das Hochgebet weiter entfaltet haben, sind *kursiv* gekennzeichnet:

Traditio Apostolica	Struktur-element:	Hochgebet II:
Er sagt: Der Herr sei mit euch. Und alle sollen antworten: Und mit deinem Geiste. (Er sagt:) Erhebt eure Herzen. (Und das Volk sagt:) Wir haben sie beim Herrn. (Er sagt:) Laßt uns danksagen dem Herrn. (Und das ganze Volk sagt:) Das ist würdig und recht.	Einleitungs-dialog + *Präfation +* *Sanctus* (= *Akklamation* *der Gemeinde*)	Der Herr sei mit euch. Und mit deinem Geiste. Erhebet die Herzen. Wir haben sie beim Herrn. Lasset uns danken dem Herrn, unserm Gott. Das ist würdig und recht. In Wahrheit ist es würdig und recht, dir, Herr, heiliger Vater, immer und überall zu danken durch deinen geliebten Sohn Jesus Christus. Er ist dein Wort, durch ihn hast du alles erschaffen. Ihn hast du gesandt als unseren Erlöser und Heiland: Er ist Mensch geworden durch den Heiligen Geist, geboren von der Jungfrau Maria. Um deinen Ratschluss zu erfüllen und dir ein heiliges Volk zu erwerben, hat er sterbend die Arme ausgebreitet am Holze des Kreuzes. Er hat die Macht des Todes gebrochen und die Auferstehung kundgetan. Darum preisen wir dich mit allen Engeln und Hei-

Traditio Apostolica	Struktur-element:	Hochgebet II:
		ligen und singen vereint mit ihnen das Lob deiner Herrlichkeit: [Sanctus]
Wir sagen dir Dank durch deinen geliebten Knecht Jesus Christus, den du in dieser Endzeit uns als Retter, Erlöser und Boten deines Willens gesandt hast, der dein (von dir) untrennbares Wort ist, durch das du alles ge-schaffen hast, und den du nach deinem Wohlgefal-len vom Himmel gesandt hast in den Schoß der Jungfrau, und der, in ihrem Mutterschoß emp-fangen, sich als dein Sohn offenbart hat, geboren aus dem Hl. Geist und der Jungfrau, der, deinen Wil-len erfüllend und dir ein heiliges Volk erwerbend, seine Hände ausgebreitet hat, als er litt, um vom Leiden zu befreien alle, die an dich glauben,	Anamnese (allgemein) *Post-Sanctus* + *Gabenepiklese*	Ja, du bist heilig, großer Gott, du bist der Quell aller Heiligkeit. Darum bitten wir dich: Sende deinen Geist auf diese Gaben herab und heilige sie, damit sie uns werden Leib und Blut deines Sohnes, unseres Herrn Jesus Christus.
der, als er aus (seinem) freien Willen dem Leiden überliefert wurde, damit er den Tod zerstöre, die Fesseln Satans zerbreche, die Unterwelt mit Füßen trete, die Gerechten er-leuchte, eine Grenze [dem Tod] festsetze, und die Auferstehung offenbare, das Brot nahm und dir	Einsetzungs-worte (mit Rahmen)	Denn am Abend, an dem er ausgeliefert wurde und sich aus freiem Willen dem Leiden unterwarf, nahm er das Brot und sagte Dank, brach es, reichte es seinen Jüngern und sprach: Nehmet und esset alle davon: Das ist mein Leib, der für euch hingegeben

Traditio Apostolica	Struktur-element:	Hochgebet II:
Dank sagend sprach: Nehmet, esset, das ist mein Leib, der für euch gebrochen wird. Ebenso den Kelch, indem er sprach: Das ist mein Blut, das für euch vergossen wird. Wenn ihr dies tut, tut es zu meinem Gedächtnis.		wird. Ebenso nahm er nach dem Mahl den Kelch, dankte wiederum, reichte ihn seinen Jüngern und sprach: Nehmet und trinket alle daraus: Das ist der Kelch des neuen und ewigen Bundes, mein Blut, das für euch und für alle vergossen wird zur Vergebung der Sünden. Tut dies zu meinem Gedächtnis.
Eingedenk also seines Todes und seiner Auferstehung, bringen wir das Brot und den Kelch (dar), dir Dank sagend, dass du uns gewürdigt hast, vor dir zu stehen und dir (priesterlich) zu dienen.	Anamnese (speziell) + *Akklamation der Gemeinde*	Geheimnis des Glaubens: Deinen Tod, o Herr, verkünden wir, und deine Auferstehung preisen wir, bis du kommst in Herrlichkeit. Darum, gütiger Vater, feiern wir das Gedächtnis des Todes und der Auferstehung deines Sohnes und bringen dir so das Brot des Lebens und den Kelch des Heiles dar. Wir danken dir, dass du uns berufen hast, vor dir zu stehen und dir zu dienen.
Und wir bitten dich, dass du deinen Hl. Geist sendest auf die Gabe deiner heiligen Kirche. Sie in eins sammelnd gib allen, die teilhaben an den heiligen (Geheimnissen), erfüllt zu werden mit Hl. Geist zur Stärkung des Glaubens in der Wahrheit,	*(Kommunion-)* Epiklese	Wir bitten dich: Schenke uns Anteil an Christi Leib und Blut und laß uns eins werden durch den Hl. Geist.

Traditio Apostolica	Struktur-element:	Hochgebet II:
	Inter-zessionen (Fürbitten)	Gedenke deiner Kirche auf der ganzen Erde und vollende dein Volk in der Liebe, vereint mit unserem Papst N., unserem Bischof N. und allen Bischöfen, unseren Priestern und Diakonen und mit allen, die zum Dienst in der Kirche bestellt sind. Gedenke (aller) unserer Brüder und Schwestern, die entschlafen sind in der Hoffnung, dass sie auferstehen. Nimm sie und alle, die in deiner Gnade, aus dieser Welt geschieden sind, in dein Reich auf, wo sie dich schauen von Angesicht zu Angesicht. Vater, erbarme dich über uns alle, damit uns das ewige Leben zuteil wird in der Gemeinschaft mit der seligen Jungfrau und Gottesmutter Maria, mit deinen Aposteln und mit allen, die bei dir Gnade gefunden haben von Anbeginn der Welt, dass wir dich loben und preisen durch deinen Sohn Jesus Christus.

Traditio Apostolica	Struktur-element:	Hochgebet II:
damit wir dich loben und verherrlichen durch deinen Knecht Jesus Christus, durch den dir Ruhm und Ehre sei (dem Vater und dem Sohn) mit dem Hl. Geist in deiner heiligen Kirche, jetzt und in alle Ewigkeit. Amen.	Schluss-doxologie + Amen der Gemeinde	Durch ihn und mit ihm und in ihm ist dir, Gott, allmächtiger Vater, in der Einheit des Heiligen Geistes alle Herrlichkeit und Ehre jetzt und in Ewigkeit. Amen.

Von der Grundstruktur ist das Eucharistische Hochgebet nach wie vor so aufgebaut wie zur Zeit der frühen Kirche: Es handelt sich um ein anamnetisch-epikletisches Gebet, in dem zuerst der Heilstaten Gottes in seinem Sohn Jesus Christus lobpreisend gedacht wird, und in dem dann der Heilige Geist herabgerufen wird – zuerst auf die Gaben (daher: Gabenepiklese), dann auf die versammelte Gemeinde mit der Bitte, dass diese immer mehr zu einer Gemeinschaft (lat.: *communio*) in Jesus Christus werden möge (daher: Kommunionepiklese). Die Einsetzungsworte bilden das Zentrum des Gedächtnisses (der Anamnese) der Heilstaten Gottes.

 Was bedeutet es, wenn wir in der Gabenepiklese des II. Hochgebetes darum bitten, der Geist möge die Gaben von Brot und Wein heiligen, damit diese zu Leib und Blut unseres Herrn Jesus Christus werden? Wenn wir also darum bitten, dass diese zu Zeichen seiner Gegenwart unter uns Menschen werden? Und was hat es überhaupt mit dieser Gegenwart des Herrn in den eucharistischen Gaben auf sich?

Diesen Fragen soll sich das nachfolgende dritte Kapitel zuwenden.

3 „Gottheit tief verborgen …"

Zur wirklichen Gegenwart Jesu Christi in den eucharistischen Mahlelementen

3.1 Hinführung: theologisches Nachdenken über die Gegenwart Jesu Christi in der Eucharistie im Dienst vertiefter Glaubenserfahrung

Helmuth James von Moltke wurde am 23. Januar 1945 als einer der Verschwörer des 20. Juli, dem Tag, an dem ein Attentat auf Adolf Hitler scheiterte, hingerichtet. In seinem letzten Brief an seine Frau blickt er unter anderem auf sein Leben zurück. Er verleiht seiner Überzeugung Ausdruck, dass viele Menschen in der Vergangenheit von Gott dazu ausersehen gewesen seien, ihn auf den Weg zu führen, den er bis zu diesem Zeitpunkt gegangen ist: den Weg eines Menschen, der letztlich so für seine christliche Grundüberzeugung eingetreten ist, dass er dafür sterben muss. Dann heißt es:

Graf von Moltke, Letzte Briefe, 82–84

Und nun, mein Herz, komme ich zu Dir. Ich habe Dich nirgends aufgezählt, weil Du, mein Herz, an einer ganz anderen Stelle stehst als alle die anderen. Du bist nämlich nicht ein Mittel Gottes, um mich zu dem zu machen, der ich bin, Du bist vielmehr ich selbst. Du bist mein 13. Kapitel des ersten Korintherbriefes. Ohne dieses Kapitel ist kein Mensch ein Mensch. Ohne Dich hätte ich mir Liebe schenken lassen, ich habe sie z. B. von Mami angenommen, dankbar, glücklich, dankbar wie man ist für die Sonne, die einen wärmt.

Aber ohne dich, mein Herz, hätte ich „der Liebe nicht" [vgl. 1 Kor 13]. Ich sage gar nicht, dass ich Dich liebe; das ist gar nicht richtig. Du bist vielmehr jener Teil von mir, der mir alleine eben fehlen würde. Es ist gut, dass mir das fehlt; denn hätte ich das, so wie Du es hast, diese größte aller Gaben, so hätte ich dem Leiden, das ich ja sehen musste, nicht so zuschauen können und vieles andere. Nur wir zusammen sind ein Mensch. Wir sind, was ich vor einigen Tagen symbolisch schrieb, ein Schöpfungsgedanke. Das ist wahr, buchstäblich wahr. Darum, mein Herz, bin ich auch gewiss, dass Du mich auf dieser Erde nicht verlieren wirst, keinen Augenblick. Und diese Tatsache, die haben wir schließlich auch noch durch unser gemeinsames Abendmahl, das nun mein letztes war, symbolisieren dürfen. – Ich habe ein wenig geweint, eben, nicht traurig, nicht wehmütig, nicht weil ich zurück möchte, nein, sondern vor Dankbarkeit und Erschütterung über diese Dokumentation Gottes. Uns ist es nicht gegeben, ihn von Angesicht zu Angesicht zu sehen, aber wir müssen sehr erschüttert sein, wenn wir plötzlich erkennen, dass er ein ganzes Leben hindurch am Tage als Wolke und bei Nacht als Feuersäule vor uns hergezogen ist, und daß er uns erlaubt, das plötzlich, in einem Augenblick zu sehen. Nun kann nichts mehr geschehen.

Gott dokumentiert, demonstriert seine Gegenwart. Nicht von Angesicht zu Angesicht, nicht wie einen gewöhnlichen Gegenstand unter anderen, und sei es eine menschliche Person, nehmen wir ihn wahr, sondern so, dass unser ganz alltägliches Leben, unsere Lebenswelt, auf ihn hin „durchsichtig" wird – und solches Erkennen erschüttert zutiefst. Die einzig angemessene Antwort auf das Geschenk dieser Erkenntnis: Dankbarkeit! Oder mit einem anderen Wort: lobpreisende Anbetung!

In diesem Text sind bereits wesentliche Aspekte dessen verborgen, was sich über das Geheimnis der eucharistischen Gegenwart Gottes in den Zeichen von Brot und Wein sagen lässt. In bewegender Weise drückt von Moltke aus, was uns die Bibel in vielfältigen Bildern vermittelt: Gott ist der „Ich-bin-da – oder: Ich-werde-dasein – (für euch)" (vgl. Ex 3,14), ein Gott, der gegenwärtig ist in und durch die verschiedensten Ereignisse, die „auf den ersten Blick" ganz unscheinbar wirken. Nur der Glaube erschließt uns diese Ereignisse als Offenbarungen der Gegenwart des ewigen Gottes mitten in Raum und Zeit. Und das gilt auch von dem Ereignis, in dem Brot und Wein in der Eucharistiefeier zu Leib und Blut Jesu Christi werden.

? **Heißt das, dass Zusammenhänge bestehen zwischen der Verfassung, in der sich ein Mensch jeweils befindet, seiner Wahrnehmung der Wirklichkeit und der Weise, wie Gott ihm begegnet?**

Im Brief von Moltkes werden diese Zusammenhänge wunderbar deutlich, wenn er seine eigenen persönlichen Erlebnisse mit Bildern aus dem Buch Exodus interpretiert: „aber wir müssen sehr erschüttert sein, wenn wir plötzlich erkennen, dass er ein ganzes Leben hindurch am Tage als Wolke und bei Nacht als Feuersäule vor uns hergezogen ist, und daß er uns erlaubt, das plötzlich, in einem Augenblick zu sehen" (vgl. Ex 14,24). Diese Schilderung ist ein gutes Beispiel dafür, wie Erlebnisse zustande kommen, und wie sich dies in der Sprache niederschlägt: Ein- und dieselben Dinge begegnen uns in verschiedenen Situationen ganz unterschiedlich, je nachdem, wie diese Situationen und derjenige, der die Dinge wahrnimmt, insgesamt beschaffen sind. Für den einen ist eine bestimmte Geldmünze ein Talisman, der für ihn einen hohen persönlichen Wert hat. Für ihn ist gleichgültig, ob er mit dieser Münze irgendwo bezahlen kann, was sie in finanzieller Hinsicht genau wert ist usw. Ein anderer hingegen betrachtet diese Münze lediglich als gewöhnliches Zahlungsmittel.

In manchen extremen Situationen ist es so, dass wir bestimmte Gegenstände, oder besser: Sachverhalte, in die diese Gegenstände eingebunden sind, so wahrnehmen, dass dabei emotionale Bestandteile weitestgehend ausgeblendet sind. Dies geschieht etwa in naturwissenschaftlichen Experimenten. Die Erlebnisse, die Graf von Moltke in seinem Brief schildert, liegen am entgegengesetzten Ende des Spektrums von Erfahrungen: Hier spielen persönliche Beziehungen, Gefühle sowie der religiöse Glaube eine starke Rolle. Bei einem Rückblick auf sein bisheriges Leben wird dem Briefautor deutlich, dass in vielen Situationen bzw. Sachverhalten Gott anwesend war: indem er als „Feuersäule in der Nacht" vor ihm her gezogen ist oder als „Wolke am Tag". Wir sehen hier, dass Menschen poetische Sprache gerne verwenden, wenn eine Situation bzw. ein Sachverhalt für sie ganz existentiell bedeutsam wird, wenn sie bis ins Innerste angerührt sind. Sie können auf diese Weise ihren Erfahrungen angemessen Ausdruck verleihen. Dabei kommen vermehrt *sprachliche Bilder* zum Einsatz, die hier offensichtlich besser geeignet sind als wörtliche Rede, wobei letztere hingegen in der Alltagssprache dominiert.

Auch die Bibel arbeitet an vielen Stellen mit ausdrucksstarken Bildern, um menschliche Erfahrungen der Wirklichkeit „einzufangen". Wir bleiben bei dem biblischen Bezugstext, aus dem von Moltke seine Bilder entnimmt. Im Buch Exodus sind vielfältige Möglichkeiten menschlicher Sprache genutzt worden, um Ereignisse als Begegnung mit Gott zu interpretieren. Die Ereignisse, um die es dabei geht, ließen sich zusammenfassend so umschreiben: „Gott hat eine Gruppe von Menschen, auf die sich das Volk Israel zum Teil zurückführt, aus Ägypten befreit". Aus ägyptischer Perspektive, wie sie etwa in einem zeitgenössischen Militärbericht niedergelegt sein könnte, nähme sich hingegen die damit erfasste Erfahrung ganz anders aus. Sie ließe sich vielleicht knapp in der Behauptung zusammenfassen: „Es ist einer Gruppe aufständischer Sklaven durch eine Verkettung für sie glücklicher Umstände gelungen, aus Ägypten zu fliehen". Was die einen als Erfahrung der Gottesbegegnung deuten, ist für die anderen ganz nüchtern eine leider gelungene Flucht von Gefangenen. Ein- und dieselbe Ereigniskette kann durch zwei verschiedene Personen völlig unterschiedlich wahrgenommen werden, und das spiegelt sich in den verschiedenen sprachlichen Beschreibungen wider.

? Und auch Liturgie ist unterschiedlich beschreibbar, je nachdem, mit welcher Einstellung man sich ihr annähert?

Schon im ersten Band des Grundkurses hatten wir herausgestellt, dass die Wahrnehmung der Wirklichkeit durch die christliche Glaubensgemeinschaft (und aller, welche die Bibel als von Gott geschenkte Heilige Schrift sehen) wesentlich auf der Einstellung des Glaubens beruht. Die Welt ist für die Glaubenden von Gott geschaffene und im Dasein erhaltene Wirklichkeit, und dieser Glaube wird in der Liturgie gefeiert (vgl. GKL 1 / S. 19 f.):

Schema: Die Zuwendung Gottes und der Glaube der Menschen in der gottes-dienstlichen Versammlung als Gegenstand liturgiewissenschaftlicher Reflexion

Wir hatten oben im ersten Kapitel gesehen, mit welchen Bildern (unter anderen) die Bibel die Glaubenserfahrung ausdrückt, dass Jesus Christus in der Eucharistie gegenwärtig ist: Paulus und die Evangelisten setzen das Letzte Abendmahl Jesu und das Herrenmahl der christlichen Gemeinde in ein ganzes Netz von Bezügen

100

zu anderen Texten der Heiligen Schrift, wodurch sie den gekreuzigten und erhöhten Herrn Jesus Christus *als Gastgeber und Gabe* eines jeden eucharistischen Mahles vorstellen. Die biblischen Bezüge zeigen uns, was damit gemeint ist,

- dass die Teilnehmer der Eucharistie in den Zeichen von Brot und Wein Anteil am Leib und Blut des Herrn erhalten;
- dass die jeweils gegenwärtige Mahlgemeinschaft im Heiligen Geist in die großen Heilsereignisse der Vergangenheit „eingetaucht" wird und „ausgespannt" auf die Vollendung der Gottesherrschaft am Ende der Zeiten.

Die Gemeinde erhält in der Gedächtnisfeier der großen Heilstaten Gottes und vor allem des Leidens, Sterbens und der Auferweckung sowie Erhöhung Jesu Christi in der Kraft des Heiligen Geistes hier und heute Anteil am von Gott gewirkten Heil. Diese Einbindung in die Geschichte der Welt mit Gott ist dem Menschen nur zugänglich, wenn er die Wirklichkeit mit „dem reinen Herzen" wahrnimmt, wie es der Hymnus *Pange lingua* besingt (vgl. oben S. 14 f.):

> Und das Wort, das Fleisch geworden,
> schafft durch Wort aus Brot und Wein
> Fleisch und Blut zur Opferspeise,
> sieht es auch der Sinn nicht ein.
> Es genügt dem reinen Herzen,
> was ihm sagt der Glaub allein.

Seit seinen Anfängen hat der christliche Glaube versucht, seine biblisch begründete Grundüberzeugung von der Gegenwart Gottes bzw. Jesu Christi in der Liturgie, speziell der Eucharistie, immer tiefer zu erfassen. Vor allem hat sich dies in Gebet und Meditation entfaltet. Davon legt etwa dieser Hymnus Zeugnis ab: Er ist ein kleines Beispiel für die Fülle an Lied- und Gebetstexten, die im Laufe der Jahrhunderte zum Thema Eucharistie geschaffen wurden.

? Mit den Bildern, welche die Bibel verwendet und mit den später entstandenen Gebeten und Liedern ist doch eigentlich alles zur eucharistischen Gegenwart Jesu Christi gesagt. Was soll dann weiteres theologisches Nachdenken überhaupt noch für einen Sinn haben?

Das Streben danach, biblisch begründete Glaubensinhalte *mit dem Verstand* zu durchdringen, ist nicht ein beliebiger Zusatz zum christlichen Dasein, der auch genauso gut entfallen könnte. Der Mensch ist ein denkendes, mit Verstand ausgestattetes Lebewesen. Und Gott will vom ganzen Menschen erkannt und verehrt werden, gerade mit den Mitteln des Verstandes, durch die der Schöpfer den Menschen vor allen anderen Geschöpfen ausgezeichnet hat. Erst als Person mit leiblichen und geistigen Eigenschaften vermag der Mensch als ganzer mit Gott in eine Kommunikation der Liebe einzutreten.

Die biblischen Texte und deren symbolische Inszenierung in der Liturgie sind als *lex orandi*, als Gesetz des Betens, demnach zwar grundlegend für die *lex credendi*, für das Gesetz des Glaubens. Dennoch sind wir aufgerufen, die Texte, in denen sich der Glaube zuerst ausdrückt, immer besser zu verstehen. Dies geschieht unter anderem dadurch, dass man sie zueinander in Beziehung setzt, damit sie sich gegenseitig erhellen. Außerdem ist mit Argumenten, die allgemein nachvollziehbar sind, darzulegen, dass die Texte unseres Glaubens wahre Überzeugungen beinhalten. Denn: Man kann zwar feststellen, dass verschiedene Menschen ein- und denselben Ausschnitt der Wirklichkeit unterschiedlich wahrnehmen und dass sich dies darin niederschlägt, wie ein Sachverhalt sprachlich erfasst wird; aber das heißt nicht, dass einfach jede Beschreibung, die man vorfindet, dem tatsächlichen Geschehen angemessen ist, es so erfasst, wie es wirklich ist. Für eine bestimmte Beschreibung der Wirklichkeit, die jemand vertritt, muss er Gründe vorlegen können, vor allem dann, wenn diese Beschreibung von anderen angefragt wird.

Das Bemühen, die Texte des Glaubens zu „sortieren" und die in ihnen ausgedrückte Sicht auf die Wirklichkeit mit Argumenten zu untermauern, entfaltet sich in einer *systematischen Theologie*. Das meint: Solches theologische Nachdenken versucht das System an Beziehungen zu entdecken und nachzuzeichnen, in dem Texte des Glaubens zueinander stehen, und zu belegen, dass dieses System sinnvoll und sachgemäß ist. Dies tut die Theologie im Dienst der fortdauernden Vertiefung des Glaubens und damit der Gottesbeziehung. Letztlich ist entscheidend, dass die Gläubigen mit immer freierem Herzen ihr „Amen" zu dem sprechen können, was wir in der Liturgie feiern: Gottes Heilshandeln an uns und seiner ganzen Schöpfung, wie es sich in Jesus Christus endgültig offenbart hat. Dazu müssen wir Gottes Wege möglichst gut verstehen, denn je mehr man etwas verstanden hat, desto fester kann man es wirklich bejahen (vgl. GKL 1/S. 75 ff.).

3.2 Grundaspekte der Transsubstantiations- lehre

? Wie lässt sich die Gegenwart Jesu Christi in der Eucharistie aus der Sicht systematischer Theologie verstehen?

Christus ist in der Liturgie auf vielfältige Weise gegenwärtig. In der Liturgiekonstitution heißt es:

Liturgiekonstitution *Sacrosanctum Concilium* Nr. 7

Um dieses große Werk [der Erlösung durch sein Leiden, Sterben, seine Auferweckung und Erhöhung] voll zu verwirklichen, ist Christus seiner Kirche immerdar gegenwärtig, besonders in den liturgischen Handlungen. Gegenwärtig ist er im Opfer der Messe sowohl in der Person dessen, der den priesterlichen Dienst voll-

zieht ..., wie vor allem unter den eucharistischen Gestalten. Gegenwärtig ist er mit seiner Kraft in den Sakramenten, sodass, wenn immer einer tauft, Christus
selber tauft. Gegenwärtig ist er in seinem Wort, da er
selbst spricht, wenn die heiligen Schriften in der Kirche gelesen werden. Gegenwärtig ist er schließlich,
wenn die Kirche betet und singt, er, der versprochen
hat: „Wo zwei oder drei versammelt sind in meinem
Namen, da bin ich mitten unter ihnen" (Mt 18,20).

Der Text hebt hervor, dass Jesus Christus „vor allem" unter den
eucharistischen Gestalten gegenwärtig ist, also unter den Mahlelementen, die gemeinsam verzehrt werden. Wir haben anhand des
biblischen Zeugnisses gesehen, wieviel an diesen Zeichen für die
Eucharistiefeier hängt. Zugleich ist aber nochmals in Erinnerung
zu rufen, was wir vor allem im ersten Band des Grundkurses
herausgearbeitet haben: Liturgie ist ein Gefüge von Zeichen (der
Versammlung der Getauften, von gesprochenen und gesungenen
Texten, Musik, Symbolen usw.), das nicht auseinandergerissen
werden darf. Nur im Gesamt ihres Zusammenspiels sind die liturgischen Zeichen Feier der Gegenwart Gottes mitten unter den
Menschen. Das bedeutet, dass auch die genannten Gegenwarts-
weisen Jesu Christi eng miteinander verzahnt und aufeinander
verwiesen sind. Dennoch wollen wir uns in diesem Kapitel auf
Fragen konzentrieren, die sich speziell bezüglich der Zeichen von
Brot und Wein stellen. Wir wollen uns hierfür einem bestimmten
theologischen Entwurf zuwenden: der so genannten *Transsubstantiationslehre*.

Diesen Ansatz zu betrachten, legt sich schon deshalb nahe, weil
er in die Formulierung einer Glaubenswahrheit durch das Konzil
von Trient (1545–1563) eingegangen ist. Außerdem dominiert die
Transsubstantiationslehre in verschiedenen Varianten bereits seit
dem frühen Mittelalter und bis in die jüngste Zeit hinein die Diskussionen – ob man sie positiv bewertet oder sich kritisch an
diesem Entwurf abgearbeitet hat.

Hier zunächst die entsprechende Formulierung des Trienter Konzils:

Konzil von Trient [DH 1642]

Weil aber Christus, unser Erlöser, sagte, das, was er unter der Gestalt des Brotes darbrachte, sei wahrhaft sein Leib, deshalb hat in der Kirche Gottes stets die Überzeugung geherrscht, und dieses heilige Konzil erklärt es jetzt von neuem: Durch die Konsekration des Brotes und Weines geschieht eine Verwandlung der ganzen Substanz des Brotes in die Substanz des Leibes Christi, unseres Herrn, und der ganzen Substanz des Weines in die Substanz seines Blutes. Diese Wandlung wurde von der heiligen katholischen Kirche treffend und im eigentlichen Sinne *Wesensverwandlung* [*Transubsstantiation*] genannt.

Diese Sätze des Konzils drücken unsere Glaubensüberzeugung aus, dass Jesus Christus im Sakrament des Altares *wirklich gegenwärtig* ist. Diese Gegenwart beruht auf der Heiligung der Gaben von Brot und Wein durch den Priester, der im Namen der Gemeinde über diesen Gaben das große Lob- und Dankgebet, das Eucharistische Hochgebet, spricht. Theologisch spricht man auch oft von der „Konsekration" der Gaben; der Ausdruck rührt her von lat. *consecrare* = der Gottheit weihen. Dieser Vorgang der Heiligung der Gaben ist gemäß dem Trienter Konzil „treffend" als Wandlung ihrer Substanz zu beschreiben.

Die Transsubstantiationslehre steht nicht gerade in dem Ruf, ein besonders leicht zu verstehendes Lehrstück katholischen Glaubens zu sein. Manche haben ihr sogar vorgeworfen, überhaupt nichts mehr mit dem zu tun zu haben, was wir in der Liturgie feiern, sondern eine reine „Kopfgeburt" von Theologen zu sein. Oftmals stehen dabei Vorstellungen über die Transsubstantiationslehre im Hintergrund, die auf Missverständnissen bezüglich ihrer eigentlichen Absicht beruhen – was auch kein Wunder ist, hat man doch in der Theologie wenigstens zum Teil nicht klar genug im Blick behalten, dass der Ausdruck „Substanz" nicht einen materiellen Gegenstand bezeichnet. Aber der Reihe nach: Wir wollen hier darzustellen versuchen, dass die zentralen Elemente dieser Lehre gar nicht so schwer zugänglich sind, und dass dieses Konzept uns hilft, die *lex orandi* der Liturgie klarer zu verstehen.

Brot und Wein, irdische Schöpfungsgaben, werden in der Eucharistie geheiligt. Das erinnert daran, dass sich in der Liturgie „Himmel und Erde berühren". Im ersten Band des Grundkurses (GKL 1 / S. 35 ff.) hatten wir anhand einer ausführlichen Interpretation zentraler Texte des Markusevangeliums gezeigt, dass es Gottes Wesen entspricht, sich mitten in der Welt zu offenbaren. Er neigt sich den Menschen auf eine Weise zu, dass sie seine Gegenwart wirklich zu erfahren vermögen. In solchen Erfahrungen „berühren sich Himmel und Erde".

Gott nimmt den Menschen in seiner Zeitlichkeit / Geschichtlichkeit, seiner Leiblichkeit und Sprachlichkeit so ernst, dass er sich selber, in Jesus Christus, seinem Sohn, diesen Grundbefindlichkeiten menschlicher Existenz unterwirft (vgl. GKL/1, 51–56). Die Menschwerdung, das gesamte Wirken Jesu und vor allem sein Leiden, Sterben sowie seine Auferweckung und Erhöhung sind die Schlüsselereignisse in der Beziehungsgeschichte zwischen Gott, den Menschen und der gesamten Schöpfung. Wie Gott sich in diesem Geschehen „ereignet hat", liefert uns den Horizont, in dem wir alle übrigen Gotteserfahrungen deuten können.

Konkret für die Eucharistie bedeutet das, wie der gerade vorgestellte Text des Konzils von Trient betont: Ihre Feier ist nur in Bezug zum Schlüsselereignis des Letzten Abendmahles verstehbar. Das Besondere des Letzten Abendmahls wiederum besteht darin, dass Jesus vorausschauend sein Leiden und seinen Tod als Durchgang ins ewige Leben deutet, wo alle Erlösten dereinst am himmlischen Festmahl teilnehmen werden:

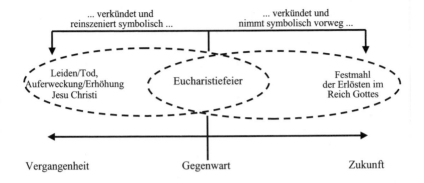

Schema: Ort der Eucharistiefeier in der Heilsgeschichte

? **Werden also dann, wenn Gott den Menschen in der Liturgie, speziell in der Eucharistie, begegnet, die Grenzen von Raum und Zeit aufgehoben?**

Die Bibel stellt uns Gott tatsächlich so vor, dass er diese Grenzen auf den Menschen und die Schöpfung hin durchbricht – nochmals: vor allem in Jesus Christus, in dem Gott selber ein Mensch wird. Dadurch werden Raum und Zeit, die ja Gott selber geschaffen hat, geheiligt, wird die Erde zum Himmel. Aber eben nicht so, dass die raum-zeitlichen Bezüge geschöpflichen Lebens, dass – für den Menschen gesagt – Leiblichkeit, Zeitlichkeit/Geschichtlichkeit und Sprachlichkeit irgendwie beseitigt würden. Diese Grundbefindlichkeiten unseres Daseins werden *verwandelt*.

Betrachten wir anhand des Phänomens der Zeitlichkeit/Geschichtlichkeit des Menschen, was das ganz konkret für die Liturgie heißt. Im ersten Band des Grundkurses hatten wir gesehen, dass der Mensch ein inneres oder subjektives Zeitbewusstsein hat: Er hat zu der Zeit, die chronologisch abläuft und sich kalendarisch ordnen lässt, ein bestimmtes Verhältnis. Der Kirchenvater Augustinus (354–430) hat dieses Verhältnis einmal am Beispiel des Singens eines Liedes untersucht (vgl. seine *Bekenntnisse*, 11. Buch, Nr. XXVIII): Wenn man ein Lied vortragen will, das man schon kennt, stellt man sich vorgreifend schon einmal das ganze Lied vor, das gleich von Anfang bis Ende erklingen soll. Nachdem die ersten Töne gesungen sind, bleiben sie dennoch im Gedächtnis, sonst hätte man schließlich nicht den Eindruck eines ganzen Liedes, das sich aus den einzelnen, nach bestimmten Regeln aufeinanderfolgenden Tönen bildet: „Das Leben dieser meiner Tätigkeit spaltet sich dann auf in die Erinnerung an das bereits von mir Gesungene und in die Erwartung dessen, was ich noch singen werde." Auf den gegenwärtigen Augenblick richtet sich die Aufmerksamkeit eines Sängers, wobei diese wie ein offener Durchgang ist, durch die ein jeder Ton vom Zustand des gerade noch Erwarteten in den des erinnerten Vergangenen hinübergeht: „Je mehr das geschieht, um so mehr verkürzt sich die Erwartung und um so mehr verlängert sich die Erinnerung, bis die ganze Erwartung verbraucht ist, weil die ganze Tätigkeit zu Ende gekommen und in die Erinnerung eingetreten ist." Was hier beim Singen eines Liedes geschieht, vollzieht sich ebenso „im ganzen Leben des Menschen, dessen Teile alle Handlungen des Menschen sind. Es wiederholt sich in der ganzen Weltzeit der Menschenkinder, deren Teile alle Menschenleben bilden."

Menschliches Leben ist letztlich, so Augustinus, „Zerdehnung". Wenn man etwas zu sehr zerdehnt, ist es irgendwann überdehnt oder zerreißt gar. Zeitlichkeit/Geschichtlichkeit bietet einerseits die Möglichkeit, sich als Mensch kreativ zu entfalten. Andererseits gelingt dies nur dann, wenn der Mensch die Grenzen der Zeit, seine Endlichkeit, positiv annimmt und sich nicht in ihr als einer Aneinanderreihung kürzester Augenblicke verliert. Innerweltlich ist eine solche positive Sicht, wie wir glauben, nicht zu gewinnen. Die Zeit und die Geschichte sind für den Menschen erst dann in wirklich sinnvoller Weise zu gestalten, wenn man sie als eingebettet in die Ewigkeit betrachtet. Das vergängliche Leben kann den Menschen letztlich nicht zufrieden stellen, da man in unbekannten Zeiträumen regelrecht zerrinnt, und das Dasein „unter Stöhnen" vergeht. Trost findet der Mensch allein beim ewigen Vater: „Meine Gedanken, also die innersten Eingeweide meiner Seele, werden zerfetzt vom Aufruhr der Mannigfaltigkeiten – bis mein Lebensstrom gereinigt in dir zusammenfließt, flüssig geworden im Feuer deiner Liebe" [*Bekenntnisse*, 11. Buch, Nr. XXIX]. Der „Aufruhr der Mannigfaltigkeiten", die Zerdehnung der Seele in der subjektiven Zeitwahrnehmung, kommt erst dann zur Ruhe und Entspannung, wenn die Lebenszeit in Gott zusammenfließt, sich Zeit und Ewigkeit endgültig vereinen. Nichts anderes meint das räumliche Bild der Vereinigung von Himmel und Erde.

? **Wir wissen jetzt zwar, dass Gott sich in der Liturgie in Raum und Zeit offenbart und dadurch sozusagen der „Zeitstrahl" durchbrochen wird. Aber was hat das konkret mit der Veränderung zu tun, der Brot und Wein in der Eucharistie unterzogen werden?**

Jetzt sind wir beim Kern der Transsubstantiationslehre angelangt. Wo die Ewigkeit Raum und Zeit berührt, hat dies natürlich Konsequenzen: Da bleibt unsere Wirklichkeit nicht, was und wie sie bisher war. Wir müssen die entsprechenden Veränderungen von dem her zu verstehen suchen, was das Geheimnis der Person Jesu Christi ist. In Jesus Christus durchdringen sich Raum-Zeit und Ewigkeit ja vollkommen. Wie die Glaubenstradition der Kirche sagt: Er ist ganz Mensch und ganz Gott. Und das Heilshandeln Gottes in Jesus Christus ist „Kerngeschehen" unserer Liturgie, wie wir in mehreren Anläufen in diesem und den beiden ersten Bänden des Grundkurses gesehen haben.

Die Berührung von Ewigkeit und Zeit, wie sie in Jesus Christus in vollkommener Weise geschehen ist, geschieht auch in der gottesdienstlichen Versammlung – jetzt allerdings auf die durch den Heiligen Geist vermittelte spezifische Weise der Vergegenwärtigung Gottes, wie sie bis zur Wiederkehr Jesu Christi am Ende der Zeiten typisch ist. Hierzu hatten wir im ersten Band folgendes Schaubild eingeführt:

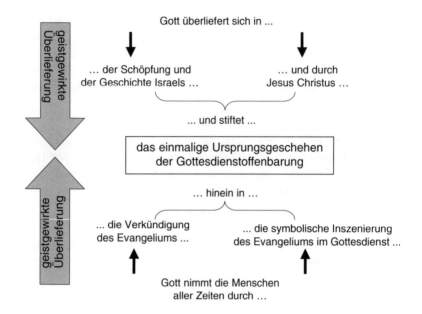

Schema der pneumatischen Selbstvergegenwärtigung Gottes in der Heilsgeschichte (vgl. GKL 1/S. 59)

Die Transsubstantiationslehre versucht theologisch zu erfassen, was diese Vergegenwärtigung Gottes in der Liturgie, speziell der Eucharistie, hinsichtlich der Veränderung bedeutet, welche die Gaben von Brot und Wein durchlaufen: Wie schlägt sich in diesen Gaben nieder, dass sich Himmel und Erde, Ewigkeit und Zeit berühren?

Wir Christen können nicht anders, als die Verwandlung der Gaben, an die wir glauben, mit den sprachlichen Mitteln auszudrücken, die uns zur Verfügung stehen. Wir beziehen uns dabei auf die Vorgaben, die uns in der Bibel gegeben werden: Jesus Christus ist, wie jetzt mehrfach herausgearbeitet, in Person die Gabe, die uns in der Eucharistie geschenkt ist. In jüngerer Zeit sieht die Theologie deutlicher, dass die Wurzeln der Transsubstantiationslehre in Bemühungen zu suchen sind, wie sich dieser Sachverhalt sprachlich am besten erfassen lässt. Betrachten wir als ein Beispiel einen Liedtext aus dem Gotteslob:

Gotteslob, im Anhang für das Bistum Osnabrück Nr. 871, 4. Strophe

Christus ist unser Opferlamm, / geschlachtet an dem Kreuzesstamm; / sein heilges Fleisch liegt uns bereit / als Brot der höchsten Lauterkeit …

Ein solcher Text könnte zumindest nahe legen, dass wir bei der Kommunion *im gewöhnlichen Sinne* der Worte Jesu Christi Leib, sein Fleisch essen bzw. sein Blut trinken. Ein solcher Eindruck entsteht, weil dieser und ähnliche Texte verschiedene biblische Bilder, die im Zusammenhang des Kreuzestodes Jesu eine Rolle spielen, in nicht leicht zu durchschauender Weise miteinander vermischen. So hatten wir oben im ersten Kapitel einerseits gesehen, dass Johannes in seinem Evangelium die Verbindung zum Exodus der Israeliten aus Ägypten dadurch einbringt, dass Jesus zur Zeit der Schlachtung der Paschalämmer gekreuzigt wird; andererseits war uns deutlich geworden, wie wichtig es für die letzte Zusammenkunft Jesu mit den Jüngern ist, dass es sich hierbei um ein Mahl handelt. Aber wenn man die beiden Motive so eng wie in der zitierten Liedstrophe miteinander verknüpft, entsteht leicht der Eindruck, in der Eucharistiefeier seien unter der Gestalt des Brotes tatsächlich das Fleisch bzw. der Leib Christi in der Weise eines raum-zeitlichen Gegenstandes anwesend. In anderen Fassungen des Liedes heißt es sogar anstatt „als Brot der höchsten Lauterkeit": „als Speise der Unsterblichkeit" – da entfällt das Korrektiv, das durch die Betonung der Brotsgestalt gegeben ist, vollständig.

Im frühen Mittelalter hatten sich solche missverständlichen Vorstellungen in der Kirche aus verschiedenen Gründen, die wir hier nicht betrachten können, weit verbreitet. Ein Theologe, der versuchte, hier Klarstellungen herbeizuführen, war der zu seiner

Zeit äußerst anerkannte (wie man heute sagen würde) Universitätslehrer Berengar von Tours († 1088). Im so genannten Zweiten Abendmahlsstreit wehrte sich dieser Theologe heftig dagegen, dass man sich die Gegenwart Jesu Christi in der Eucharistie so vorstellen müsse, dass Teile seines Leibes/Fleisches „von den Händen der Priester erfasst oder gebrochen oder durch die Zähne der Gläubigen zermalmt werden", wie es in einem der historischen Texte heißt. Dem hält Berengar entgegen, dass man die besondere Situation beachten muss, in der in der Liturgie vom Leib/Fleisch und Blut Christi geredet wird. Man dürfe die Gegenwart Jesu Christi im eucharistischen Mahl nicht gleichsetzen mit seiner Gegenwart auf Erden in der Zeit zwischen der Geburt in Nazaret und dem Kreuzestod in Jerusalem.

? **Wie löst denn Berengar von Tours selber das Problem, das sich durch die Behauptung ergibt, die Dinge, die vorher Brot und Wein waren, seien nach der eucharistischen Wandlung Leib und Blut Christi?**

Berengar betrachtet in sehr ausführlichen, nicht immer ganz leicht nachzuvollziehenden Gedankengängen die Aussage „Dieses Brot ist der Leib/das Fleisch Jesu Christi" bzw. „Dieser Wein ist das Blut Jesu Christi". Er hält die Schwierigkeiten, die sich ergeben, wenn man die genannten Aussagen *wörtlich* versteht, für unlösbar. Vor allem wendet er sich mit Vehemenz dagegen, dass man nach der Wandlung davon ausgehen müsse, Jesus Christus, womöglich einzelne Teile seines Leibes und Blutes, existierten dort, wo bisher Brot und Wein vorhanden waren, in der Weise eines gewöhnlichen Gegenstandes. Seine Gegner meinten teilweise, dass dies so sei, und Gott die Sinne der Menschen täusche, damit sie nicht durch den Anblick menschlichen Fleisches und Blutes erschreckt werden bzw. damit der Glaube größere Verdienste erwirbt.

Berengar plädiert deshalb dafür, insofern man auf die Gegenstände, die bisher Brot und Wein waren, sprachlich Bezug nehmen will, diese auch weiterhin als Brot und Wein zu bezeichnen: Die Gegenstände seien doch offensichtlich durch die eucharistische Wandlung keinesfalls vernichtet worden. Berengar interpretiert dann die Behauptungen „Dieses Brot ist der Leib/das Fleisch Jesu Christi" bzw. „Dieser Wein ist das Blut Jesu Christi" so, dass sie *metaphorisch, bildhaft* gemeint sind. Er ist der Meinung, dass man von den Gegenständen auf dem Altar, von denen man – im gewöhnlichen Sinne der Worte – auch nach der eucharistischen Wandlung sagen kann, sie seien Brot und Wein, im Glauben bildhaft aussagt, sie seien identisch mit Jesus selber – und diese bildhafte Rede ist hinsichtlich der Liturgie nicht eine sprachliche Beschreibung der Wirklichkeit neben der üblichen, sondern aus Sicht der christlichen Gemeinde die einzig angemessene!

In den nachfolgenden Jahrhunderten haben viele Theologen an entsprechenden Überlegungen weitergearbeitet. Seit dem Zweiten Abendmahlsstreit spielt hierbei ein griechischer Philosoph eine wichtige Rolle, von dem sich die Theologen den Substanzbegriff „entliehen" haben: Aristoteles (384–322 v. Chr.). Berengar hat maßgeblich dazu beigetragen, dessen philosophische Gedanken in die Eucharistietheologie einzubringen. Die „Hochform" der daraufhin entwickelten Transsubstantiationslehre bildet sich dann im 13. Jahrhundert bei Thomas von Aquin (1224–1274) aus, der einer der bedeutendsten Theologen der gesamten Kirchengeschichte ist, und dem wir uns jetzt zuwenden.

Thomas ist wie Berengar der Meinung, dass die Aussagen „Dieses Brot ist der Leib/das Fleisch Jesu Christi" bzw. „Dieser Wein ist das Blut Jesu Christi" im *üblichen – „eigentlichen" – Wortsinn* falsch sind, weil nach der Wandlung Brot und Wein nicht mehr vorhanden sind. Deshalb könne von diesen Gegenständen auch nicht mehr irgendeine Bestimmung ausgesagt werden. Die Aussagen sind nach Thomas aber sachgemäß, wenn man sie eben nicht wörtlich versteht. Der Ausdruck „Brot" bezeichnet dann lediglich die auch nach der eucharistischen Wandlung immer noch vorhandenen Eigenschaften des Brotes (Farbe, Geschmack, …) bzw. des Weines. Wenn man hingegen sagen will, was die Gegenstände auf dem Altar nach der Wandlung *wesentlich* ausmacht, dann sind nach Thomas allein deren Bezeichnung als Leib bzw. Blut Christi angemessen.

Sehen wir näher hin, wie Thomas diese Thesen mit Hilfe philosophischer Gedanken begründet. Nochmals zur Erinnerung:

Unsere Ausgangsfrage war, was die „Berührung von Himmel und Erde", von Ewigkeit und Zeit, die in der Liturgie stattfindet, hinsichtlich der eucharistischen Gaben von Brot und Wein bedeutet, wie sich diese Berührung an ihnen auswirkt. Auch Thomas setzt bei der Zeitstruktur der Liturgie an. Ein Schlüsselbegriff ist für ihn „Sakrament". Dieses uns sehr geläufige Wort kommt vom lateinischen *„sacramentum"*. Auf die verschiedenen Bedeutungen des Wortes und seine vielfältigen Verwendungsweisen im Laufe der Geschichte unseres Glaubens kann hier nicht eingegangen werden. Wichtig für uns ist: Der Ausdruck sollte in der Bedeutung, die uns hier interessiert, am besten als Übersetzung für „Mysterium" gelten. Liturgie und vor allem die Sakramente sind Begegnung mit dem Mysterium, dem *Geheimnis* der Liebe Gottes, das sich vor allem im Pascha-Mysterium Jesu Christi offenbart.

Die Feier dieses Mysteriums vollzieht sich in den einzelnen Sakramenten der Kirche auf je eigene Weise. Zu dem, was alle diese Feiern gemeinsam haben, schreibt Thomas im *Dritten Teil* seines theologischen Hauptwerkes, der *Summa theologiae* („Summe der Theologie", abgekürzt „s. th."), im 3. Artikel (art. 3) der so genannten *„Quaestio* [Fragestellung] 60" (q. 60):

 s. th. III q. 60 art. 3

Drei Dinge können in Betracht gezogen werden: Die Ursache unserer Heiligung, d. h. das Leiden Christi; die Form unserer Heiligung, die in der Gnade und in den Tugenden besteht; der letzte Zweck unserer Heiligung, d. h. das ewige Leben. Dies alles wird durch die Sakramente bezeichnet. Deshalb ist das Sakrament sowohl ein Erinnerungszeichen für das, was vorausging, d. h. das Leiden Christi, als auch ein Hinweiszeichen für das, was in uns durch das Leiden Christi bewirkt wird, nämlich die Gnade, als auch ein vorauswissendes Hoffnungszeichen, d. h. eine Ankündigung der künftigen Herrlichkeit.

Wir können hieran gut sehen, dass Thomas das biblisch begründete Verständnis vom Gedächtnischarakter des Gottesdienstes aufnimmt, aber mit einer besonderen Begrifflichkeit beschreibt. Dargestellt im Vergleich zu den oben angestellten Überlegungen bzgl. der biblischen Gedächtniskonzeption:

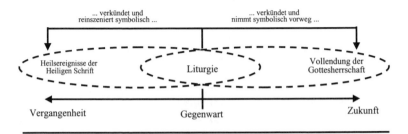

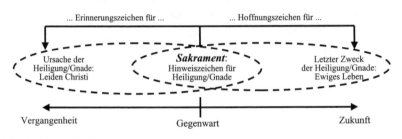

Schema: Vergleich der Zeitstruktur von Liturgie
nach der biblischen Gedächtniskonzeption und der Zeitstruktur
der Sakramente nach Thomas von Aquin

Die Begrifflichkeit der *Summa* sucht biblisches und zeitgenössisches Denken miteinander in Beziehung zu setzen. Thomas buchstabiert das der Sache nach unveränderliche Glaubenszeugnis also neu durch und vermittelt es in seine Zeit hinein. Er treibt, mit dem oben eingeführten Ausdruck, systematische Theologie. Zentral ist, dass der Mensch die Sakramente bzw. speziell die Eucharistie im Rahmen seines subjektiven Zeitbewusstseins erstens als anamnetische *Erinnerungszeichen* (lat.: *signa rememorativa*) wahrnimmt, die auf die vergangenen Heilsereignisse der Schrift hinweisen, zweitens als anzeigende *Hinweiszeichen* (*signa demonstrativa*) und schließlich als vorausweisende *Hoffnungszeichen* (*signa prognostica*): Das Gedächtnis chronologisch vergangener Heilsereignisse – die Anamnese – und die Vorausschau der chronologisch zukünftigen Vollendung der Welt – die Prognose – fließen mit der Gegenwart der jeweils feiernden Gemeinde im konkreten Sakrament zusammen.

Der Glaube ist davon überzeugt, dass solches Feiern nicht auf eine rein menschliche Leistung, einen kreativen Umgang mit der eigenen Zeitlichkeit/Geschichtlichkeit zurückzuführen ist. Thomas umschreibt das mit dem Begriff „Gnade": Gott schenkt sich in den sakramentalen Zeichen. Anders gesagt: Die Sakramente sind aus der Perspektive des Glaubens nicht rein menschliche Zeichen, sondern Gott selber setzt – aus freien Stücken und mit der Absicht, den Menschen zu begegnen – diese Zeichen. Die Sakramente sind – wie alle Liturgie – nach dem Verständnis der Glaubenden kein rein innerweltliches Geschehen, sondern „Eingangstor" für die Gnade, die bedingungslose Liebe Gottes, die sich an die Feiernden verschenkt. Wir hatten das im ersten Band so beschrieben, dass die katabatische, die hinabsteigende Grunddimension der Liturgie die primäre darstellt: Bevor der Mensch sich mit seinem Lobpreis Gott zuwendet, ist er immer schon durch dessen Heilswirken getragen und umfangen (vgl. GKL 1/S. 69).

Das innerste Lebensprinzip aller Liturgie ist die Kraft des Heiligen Geistes, nicht menschliche Energie! Dementsprechend sagt die Liturgiekonstitution am Beispiel der Taufe von der Gegenwart Jesu Christi im Gottesdienst, dass, „wenn immer einer tauft, Christus selber tauft … Infolgedessen ist jede liturgische Feier als Werk Christi, des Priesters, und seines Leibes, der die Kirche ist, in vorzüglichem Sinn heilige Handlung, deren Wirksamkeit kein anderes Tun der Kirche an Rang und Maß erreicht." Anstatt davon zu sprechen, dass wir Eucharistie feiern (aktiv), könnte man auf diesem Hintergrund folglich besser sagen: Wir lassen uns durch den Heiligen Geist in den Lobpreis und Dank für das Schöpfungsund Erlösungshandeln Gottes hineinziehen!

Das sakramentale Zeichen ist also – mit Thomas' Ausdruck – eine *demonstratio*, ein Hinweis auf dieses unverfügbare Geschenk der Liebe Gottes, ein Zeichen, dass Gott selber setzt, um uns zu begegnen. Im Falle der Eucharistie nimmt Gott hierfür in der Kraft seiner Gnade Brot und Wein in Dienst. Das verändert diese Gaben der Menschen, die sie Gott entgegenhalten, zu etwas, zu jemand völlig anderem: Sie werden zu dem, der selber eigentlicher Träger der gesamten Liturgie ist: Jesus Christus. – Fassen wir jedoch, bevor wir diesen Gedanken weiter führen, das bisher Gesagte nochmals knapp zusammen, um den Überblick nicht zu verlieren:

- **Jeder Gottesdienst und speziell die Feier der einzelnen Sakramente ermöglicht der versammelten Gemeinde Begegnung mit Gott, indem er sie durch die ausgewählten Texte, nonverbalen Symbole usw. mit den großen Heilstaten Gottes in der Geschichte der Welt bzw. mit deren Vollendung am Ende der Zeiten in Beziehung bringt.**

- **Von der menschlichen Seite her gesehen sind die Sakramente deshalb im Hinblick auf die vergangenen Heilsereignisse Erinnerungszeichen, im Hinblick auf die noch ausstehende Vollendung Hoffnungszeichen und hinsichtlich der gegenwärtigen Heilserfahrung Hinweiszeichen, wie Thomas von Aquin sagt.**

- **Entscheidend aber ist: Dass in diesen Zeichen tatsächlich Begegnung mit Gott geschieht, ist nicht von Menschen herstellbar. Vielmehr glauben wir daran, dass sich Gott – mitten in Raum und Zeit – ereignishaft, unableitbar von menschlichen Vorgaben, immer wieder offenbart. Die Theologie umschreibt das unter anderem mit dem Fachausdruck „Gnade".**

Bis hierher hat sich also für die Eucharistiefeier als dem wichtigsten Sakrament der Kirche ergeben, dass sich in ihr eine Gottesbegegnung ereignet, in der die Ewigkeit den Ablauf der chronologisch geordneten Zeit gnadenhaft durchbricht.

? In der Eucharistie verändern sich Brot und Wein also tatsächlich grundlegend und nicht nur die Art und Weise, wie wir Menschen Brot und Wein erfahren?

Hier sind wir wieder am Ausgangspunkt unserer Überlegungen in diesem Kapitel angekommen: Natürlich bestehen enge Zusammenhänge zwischen der Verfassung, in der sich ein Mensch befindet, und der Art und Weise, wie er die Wirklichkeit erfährt. Hätte man den Hinrichtungskandidaten Helmuth James von Moltke gefragt, ob er denn nun wirklich Gott begegnet sei oder ob er sich da im Angesicht des Todes lediglich etwas zurechtgeträumt habe, hätte er sicher in etwa so geantwortet: „Selbstverständlich war ich innerlich äußerst bewegt, als ich die Erfahrung der Nähe Gottes gemacht habe, ich habe sogar geweint, anders gesagt: Meine Situation hat mich besonders empfänglich für die Begegnung mit Gott gemacht. Aber da hat sich wirklich Gott gezeigt, nicht irgendein Trugbild oder etwas, was ich mir selber vorgegaukelt habe. Ich bin überzeugt davon, dass mir tatsächlich Gott begegnet ist, und kann dies nicht besser ausdrücken als mit biblischen Bildern: Gott ist mein ganzes Leben hindurch am Tage als Wolke und bei Nacht als Feuersäule vor mir hergezogen und hat mir den Weg gewiesen."

Glaubende erheben den Anspruch, dass sie mit ihrer Wirklichkeitssicht richtig liegen. Sie erheben mit ihren Behauptungen über die Wirklichkeit einen Wahrheitsanspruch. Anhand des Beispiels der eucharistischen Zeichen für die Gegenwart Jesu Christi lässt sich das hervorragend aufzeigen: Da sind aus Sicht des Glaubens tatsächlich Leib und Blut des Herrn gegenwärtig, also Jesus Christus in Person, und doch nehmen die äußeren Sinne des Sehens, Schmeckens und Tastens nur Brot und Wein wahr. Mit dem Hymnus *Adoro te devote* gesagt, der Thomas von Aquin zugeschrieben wird:

Adoro te devote, GL Nr. 546, Strophe 2

Augen, Mund und Hände täuschen sich in dir, / doch des Wortes Botschaft offenbart dich mir.

Aus diesem Hymnus stammt übrigens auch das Zitat in der Überschrift des Kapitels: „Gottheit tief verborgen, betend nah ich dir. Unter diesen Zeichen bist du wahrhaft hier" (Strophe 1).

? **Wenn ansonsten doch die äußeren Sinne wesentlich sind für die Weise, in der wir die Welt wahrnehmen, wie kann man dann einfach behaupten, im Fall der eucharistischen Zeichen sei das nicht der Fall? Verstrickt man sich damit nicht in Widersprüche?**

Thomas von Aquin hat versucht, mit seiner Fassung der Transsubstantiationslehre diese Frage zu bearbeiten. Er wollte auf der einen Seite die Unableitbarkeit der sakramentalen Gegenwart Gottes bzw. Jesu Christi wahren. Auf der anderen Seite ging es ihm darum, den damit verbundenen Wahrheitsanspruch des christlichen Glaubens so mit den denkerischen Mitteln seiner Zeit zu erfassen, das er nicht mehr als widersprüchlich zu sonstigen, allgemein geteilten Überzeugungen eingeordnet werden muss.

Entsprechend diesen Rahmenbedingungen stellt Thomas in der *Summa theologiae III* in der *Quaestio* 75 als erstes die Frage, ob denn der Leib Christi in der Eucharistie „in Wahrheit" gegenwärtig sei, wo man doch mit der Glaubenstradition davon ausgehen müsse, dass der wirkliche Leib Christi im Himmel sei. Und Thomas antwortet im Artikel 1:

s. th. III q. 75 art. 1

Der wahre Leib Christi und sein Blut sind in diesem Sakrament, und weder durch die Sinne noch durch den Verstand kann [dies] erfasst werden, sondern allein durch den Glauben, der sich auf die göttliche Autorität stützt.

Entscheidend für die Erkenntnis des Leibes und Blutes Christi in der Eucharistie ist also ausschließlich der Glaube bzw. das Wort Gottes, auf das sich der Glaube stützt. Damit ist die Theologie aber nicht schon am Ende, sondern jetzt fängt sie erst an, richtig interessant zu werden. Mit der Feststellung, man könne Christi sakramentale Gegenwart nicht durch den Verstand erfassen, ist für Thomas nicht gemeint, man dürfe seine Verstandeskräfte nicht anstrengen, um das, was man glaubt, möglichst weitgehend zu erfassen und damit auch bejahen zu können.

Für diesen Zweck greift Thomas nun auf den Substanzbegriff zurück, wie ihn Aristoteles entwickelt hat. Thomas fängt dabei nicht bei Null an, sondern baut – wie oben schon betont – auf vielen entsprechenden Ansätzen anderer Theologen vor ihm auf. Außerdem hat bereits ein Dekret des Vierten Laterankonzils (1215) erstmals in einem kirchenamtlichen Dokument davon gesprochen, dass im Sakrament des Altares „durch göttliche Macht das Brot in den Leib und der Wein in das Blut Christi transsubstantiiert worden sind" (DH 802).

? Was meint Aristoteles denn mit dem Substanzbegriff?

Den Kerngedanken, den Aristoteles entwickelt, haben wir bereits im ersten Band des Grundkurses kennen gelernt: Wenn einem Menschen unserer Kultur, der deutschen Sprache mächtig, ein Ding begegnet, das aus einer flachen Platte besteht, die auf vier Beinen ruht usw. und das braun ist, wird er dieses Ding als braunen Tisch einordnen. Natürlich gibt es diesen Tisch auch unabhängig davon, dass ihn jemand wahrnimmt und als Tisch bestimmt. Aber für diesen konkreten Menschen ist er nur insofern relevant, als er einen Gegenstand als Tisch in seine Lebenswelt einordnet. So ist das mit allen Dingen, die einem Menschen begegnen: Sie werden letztlich nur insofern erfasst, als sie sprachlich bezeichnet werden, wie hier z. B. mit dem Ausdruck „Tisch".

Aristoteles hat festgestellt, dass man bezüglich einem Gegenstand verschiedene Typen von Aussagen machen kann. Um bei unserem Beispiel zu bleiben: Die Charakterisierung eines Gegenstandes als Tisch liegt nicht auf der gleichen Ebene wie dessen Klassifizierung als brauner Gegenstand. Die Einordnung als Tisch ist gegenüber der Zuschreibung eines Farbprädikates wie „braun" grundlegender. So könnte der Tisch ja durchaus in einer anderen Farbe gestrichen werden und behielte dennoch seine Eigenschaft, ein Tisch zu sein. Man könnte sagen: Der nämliche Gegenstand ist wesentlich dadurch bestimmt, der Art des Tisches anzugehören, während ihm alle weiteren Bestimmungen sekundär zukommen.

Besonders gut lassen sich diese Zusammenhänge auch an Aussagen mit Eigennamen ablesen. Betrachten wird die Aussage „Martin ist ein Mensch". Dass der Einzelgegenstand Martin ein Mensch ist, legt fest, was überhaupt darüber hinaus von ihm ausgesagt werden kann, etwa: „Martin ist mit Monika verheiratet" oder „Martin ist der Lehrer von Hugo". Hingegen können Aussagen wie „Martin ist 8304 Jahre alt" oder „Martins Körpergröße beträgt 6,70 m" nicht wahr sein, insofern mit „Martin" ein Mensch bezeichnet wird und Menschen per definitionem keine solchen wie die beiden letztgenannten Eigenschaften „8304 Jahre alt" und „6,70 m groß sein" haben können.

In einem seiner wichtigsten Werke, der *Kategorienschrift*, in der er ausführlich verschiedene Typen von Aussagen, die man über Dinge machen kann, untersucht (*kategoria* – griech.: Aussageweise), leitet Aristoteles im Ausgang von diesen Beobachtungen die Begriffe „Erste Substanz" und „Zweite Substanz" ab. Hören wir ihn wenigstens knapp im Originalton:

 Kategorienschrift 2a, 11–18

Substanz aber ist vornehmlich und im ersten und vollgültigen Sinn gesagt dasjenige, was weder von einem Zugrundeliegenden ausgesagt wird noch in einem Zugrundeliegenden ist, wie z. B. irgendein Mensch oder irgendein Pferd. Zweite Substanz heißen die Arten, in denen die ersten Substanzen enthalten sind, die Arten nämlich und die Gattungen davon. Wie z. B. irgendein Mensch in der Art Mensch enthalten ist, die Gattung von der Art aber ist das Lebewesen. Diese also werden zweite Substanzen genannt, wie etwa der Mensch oder das Lebewesen.

Ein konkreter Gegenstand existiert also erstens, insofern er überhaupt ein einzelner Gegenstand zu sein vermag, und zweitens, insofern er sich als Ding von der und der Art charakterisieren lässt. Ein „bloßes Einzelding", das nicht einer bestimmten Art zugehört, gibt es nicht. Eine Aussage wie „Martin ist ein Mensch" enthält beide Bestandteile, aus denen sich gemäß Aristoteles' Definition die grundlegendste Aussageweise, die Aussageweise der Substanz, zusammensetzt: „Martin" bezeichnet etwas Einzelnes, hier: einen ganz bestimmten individuellen Menschen, und „Mensch" das „Wesen", das dieses Einzelne als der und der Art zugehörig klassifiziert.

Einzelne Gegenstände wie ein konkreter Mensch können sich also in vielerlei Hinsichten verändern, z. B. wachsen, dicker werden, mal blaß, mal rotgesichtig sein usf. Diese Eigenschaften bezeichnet Aristoteles als die akzidentellen, die zufällig hinzukommenden Eigenschaften – oder kurz: Akzidenzien. Doch damit man diese verschiedenen Eigenschaften von einem bestimmten Gegenstand aussagen kann, muss er zumindest in einer Hinsicht unverändert bleiben: in seiner Zugehörigkeit zu einer bestimmten, hier: der menschlichen, Art.

? **In der Eucharistiefeier passiert dann aber doch etwas äußerst Merkwürdiges: Da werden einzelne Gegenstände, die gerade noch Brot und Wein waren, plötzlich zu Leib und Blut Christi. Das, was diese Dinge wesentlich sind, ihre Artzugehörigkeit ändert sich also, aber die äußerlich wahrnehmbaren akzidentellen Eigenschaften bleiben dieselben. Wie kann das denn sein?**

Exakt aufgrund dieser aristotelisch formulierten Anfrage an die Vorgänge bei der Eucharistiefeier haben Theologen wie Thomas von Aquin den Ausdruck „Transsubstantiation" eingeführt. Die theologischen Überlegungen können sich auf folgende Einsicht des Aristoteles stützen: Das Verhältnis von Artbestimmung und Akzidenzien ist gerade nicht so zu denken, dass ein bestimmter Einzelgegenstand allein aufgrund der Kombination aller seiner zufälligen Eigenschaften einer bestimmten Art zugehört. An einer Stelle seines Hauptwerkes, der *Metaphysik*, bringt er folgendes einleuchtendes Beispiel: Eine Türschwelle kann definiert werden als ein in der und der Lage befindliches Stück Holz oder ein in der und der Lage befindlicher Stein. Deshalb ist das spezifische Sein für die Türschwelle – das „zu einer Türschwelle gehörige Sein" – nicht einfach ein Stück Holz oder ein Stein zu sein. Vielmehr ist das, was die Türschwelle wesentlich ausmacht, sich als Gegenstand aus dem und dem Material, mit der und der Form usw. in der und der Lage zu befinden, und nur so erfüllt dieser konkrete Gegenstand die Funktion einer Türschwelle. Demgegenüber ist es z.B. sekundär, aus welchem Material die Türschwelle besteht. Denn: Als die Türschwelle, die sie ist, zu existieren, bedeutet für eine Türschwelle nicht primär, dass sie ein hölzerner oder steinerner Gegenstand ist, sondern dass sie ein hölzerner oder steinerner oder aus irgendeinem anderen Material bestehender Gegenstand mit der und der Funktion ist. Umgekehrt hört die Türschwelle nicht schon deshalb auf eine Türschwelle zu sein, nur weil sich ihr Material verändert. Erst, wenn sie aufgrund solcher oder anderer Veränderungen – etwa einer Ortsveränderung – nicht mehr als Türschwelle fungiert, hört sie auf, als Türschwelle zu existieren.

Das Sein einer Sache besteht also darin, in der bestimmten Weise zu sein, die durch einen grundlegenden Artbegriff festgelegt wird; dieser Artbegriff bestimmt diese Sache als das und das Ding. Anders gesagt: Insofern er (überhaupt) existiert, ist der entsprechende Gegenstand als ein Gegenstand von der und der Art bestimmt, bzw. existiert er nur solange, insofern diese grundlegende Bestimmung auf ihn zutrifft. Bezüglich der Eucharistie bedeutet dies: Das Brot und der Wein, die in der und der ganz bestimmten Weise innerhalb der Liturgie Verwendung finden, sind nach der eucharistischen Wandlung zwar ihren zufälligen Eigenschaften nach immer noch Brot und Wein; doch die Begriffe „Brot" und „Wein" treffen wörtlich auf diese Gegenstände nicht mehr zu, denn ihr spezifisches Sein als Einzelgegenstände ist ein vollkommen anderes geworden. Sie sind jetzt Jesus Christus selber, in biblischer Sprache: sein Leib und sein Blut.

In den weiteren Überlegungen der Quaestio 75, aus der wir oben bereits zitiert haben, arbeitet Thomas von Aquin dies dadurch heraus, dass er zunächst Bezug nimmt auf die Worte, die Jesus im Abendmahlssaal gesprochen hat, um das Austeilen von Brot und Wein an seine Jünger zu deuten: „Dies ist mein Leib" bzw.: „Dies ist mein Blut". Für Thomas ist ganz klar, dass diese Worte innerhalb der heilsgeschichtlichen Bezüge verstanden werden müssen, die wir oben in Kapitel 1 ausführlich besprochen haben. Jesus macht durch diese Worte im Vorausblick auf sein Sterben deutlich, dass sein Leben wesentlich ein „Dasein für andere" ist: geprägt von einer bedingungslosen Liebe, die auch nicht davor Halt macht, sich für die Freunde in den Tod zu geben. Thomas drückt das so aus: Der Erlöser sei mit seiner Freundesliebe gegenwärtig, und dies vor allem in den Zeichen des ausgeteilten und gemeinsam verzehrten Brotes und Weines.

In langen Ausführungen, denen wir hier nicht im Detail nachgehen können, betont Thomas, dass diese Gegenwart der Liebe des Erlösers keinesfalls so zu denken sei, dass Jesus wie eine raum-zeitliche Person anwesend ist. Er ist nicht etwa an den Raum-Zeit-Stellen, an denen sich zuvor noch Brot bzw. Wein befunden haben, im gewöhnlichen Sinne lokalisierbar. Andererseits existieren nach Thomas Brot und Wein auch nicht einfach weiter: Sie überdauern die eucharistische Wandlung nicht. Sonst würde das entsprechende Deutewort (oder vielleicht besser: Gabewort) auch lauten „Dieses Brot ist mein Leib" anstatt neutral „Dies ist mein Leib". Brot und Wein werden aber auch nicht vernichtet oder in eine andere Materie – letztlich die vier Elemente – überführt, denn einen solchen Vorgang der Zersetzung müsste man ja sinnlich wahrnehmen können.

Im Fall der eucharistischen Gaben geht es um den einzigartigen Fall der Verwandlung von einer Substanz in eine andere. Mit den oben erarbeiteten Begriffen des Aristoteles gesagt: Von ein und demselben Gegenstand wird unmittelbar nach dem Ende des Eucharistischen Hochgebetes eine andere wesentliche Artbestimmung ausgesagt als noch im letzten Moment dieses Gebetes. Und diese neue Wesensbestimmung geben die Worte Jesu vor, die der Priester – kraft seines ihm in der Ordination verliehenen Dienstamtes (vgl. dazu GKL 4) – in der Mitte der versammelten Gemeinde im Eucharistischen Hochgebet wirkmächtig rezitiert.

Die Substanz, so betont Thomas unzweideutig, sei das, was man als Wesen von einem Gegenstand erkennen und aussagen könne. Diese wesentliche Bestimmung einer Sache hängt jedoch, wie wir bei Aristoteles gesehen haben, nicht alleine von der sinnlichen Wahrnehmung ab, sonst würde man etwa eine Türschwelle gar nicht als solche identifizieren können, sondern lediglich z. B. von einem so und so geformten, gefärbten, beschaffenen Stück Holz oder Stein reden. Vielmehr ist die Einordnung eines Gegenstandes als ein Exemplar von der und der Art letztlich immer eine Leistung geistiger Erkenntnis. Der Glaube gesellt sich nach Thomas dem Intellekt bei (vgl. s.th.III q.75 art. 5). Folglich ist es einzig sachgemäß, mit Berufung auf die Autorität der Worte Jesu von den Gaben nach der eucharistischen Wandlung auszusagen, dass sie Leib und Blut Christi *sind*.

Wir können uns dabei darauf stützen, dass nach biblischem Zeugnis hier eine Verwandlung stattgefunden hat, die, so betont Thomas im 3. Artikel der quaestio, völlig verschieden von allen natürlichen Veränderungsprozessen ist:

s. th. III q. 75 art. 3

Diese Verwandlung ist also den natürlichen Verwandlungen nicht ähnlich, sondern gänzlich übernatürlich, allein bewirkt durch Gottes Kraft.

Diese Verwandlung der unsichtbaren Substanz sei für das gewöhnliche menschliche Auge nicht wahrnehmbar und auch nicht im Detail vorstellbar, sondern allein – in der oben beschriebenen Weise – durch den Verstand nachzuvollziehen. Erst das verherrlichte Auge, etwa das der Heiligen, die schon im Himmel sind, könne an der Schau teilnehmen, die Gott selber hat. Der von Gott mit seiner Gnade erfüllte Mensch auf Erden hingegen bleibt diesbezüglich den Grenzen seiner Leiblichkeit und Zeitlichkeit unterworfen:

s. th. III q.76 art. 7

Vom Verstand des Menschen im Pilgerstand kann [Christus] nicht gesehen werden, es sei denn im Glauben, wie es für die übrigen übernatürlichen Dinge gilt.

Josef Wohlmuth fasst Thomas Position treffend so zusammen, dass für ihn mit Substanz „die Verstehbarkeit und Aussagbarkeit einer Sache" gemeint ist: „Sie betrifft nicht mehr zuerst Brot und Wein in ihrer verwandelten Gestalt, sondern unser Verständnis davon. Die Bedeutungsverleihung beruht auf einer ‚Kraft' und zeitigt eine Wirkung, indem ein ‚substantives Wort' im Indikativ und im Zeitmodus der Gegenwart gesprochen wird. Die Wirkung der Worte ist eine sakramentale Umdeutung, die eigentlich nur Gott selbst vornehmen kann, also nicht in unserer Kompetenz liegt" [Wohlmuth, in Söding: Eucharistie, 97].

Mit unseren, jetzt schon oft gebrauchten Worten gesagt: Im Sakrament des Altares berühren sich tatsächlich aufgrund des Heilswirkens Gottes „Himmel und Erde", Ewigkeit und Zeit. Das meint aber gerade nicht, dass man damit im Sinne einer gewöhnlichen Ortsbeschreibung sagen könnte, „in einem Stück Brot" oder „in einem Schluck Wein" sei ab einem bestimmten Zeitpunkt der Himmel/die Ewigkeit, Jesus Christus in Person mit den äußeren Sinnen des Sehens, Schmeckens und Tastens wahrzunehmen. Worauf wir alleine bauen können, ist das Hören des Wortes Gottes: „Augen, Mund und Hände täuschen sich in dir, / doch des Wortes Botschaft offenbart dich mir", konkret: das Hören und Vertrauen auf die Zusage des gekreuzigten Auferstandenen: „Ich bin bei euch alle Tage bis zum Ende der Welt" (Mt 28,20b). Mit dieser Zusage offenbart Jesus Christus nochmals den Jüngern und damit auch uns nach seiner Auferweckung sein Wesen als „Dasein-für-uns".

Unsere Überlegungen sollten zeigen, dass die systematische Theologie, dass uns auch Denker aus längst vergangenen Tagen, Denker wie Aristoteles, Berengar von Tours und Thomas von Aquin, helfen können, das Geheimnis unseres Glaubens zu ergründen. Speziell ging es darum zu betrachten, wie das zu verstehen ist, dass das Wesen der eucharistischen Gaben von Brot und Wein sich durch göttliche Kraft verwandelt, während ihre äußerlich wahrnehmbare Erscheinung dieselbe bleibt. Wir haben gesehen, dass unsere *lex orandi*, unsere liturgische Praxis vor allem durch die Verwendung biblisch verwurzelter Bilder für die sprachliche Erfassung dieses Wandlungsvorganges den angemessenen Rahmen liefert: Was hier geschieht, die ereignishafte Vergegenwärtigung des auferweckten Gekreuzigten in den Zeichen von Brot und Wein, lässt sich hervorragend durch bildhaftes Reden ausdrücken. Solches Reden hat durchaus einen begrifflichen Gehalt. Hier ergibt sich dieser Gehalt konkret daraus, dass wir mit den verwendeten sprachlichen Bildern auf Erfahrungen zurückgreifen, die Menschen mit Jesus Christus während seiner raum-zeitlichen Existenz auf Erden gemacht haben, und die sich im Abendmahlsaal verdichten.

Deshalb kann man Aussagen wie „Dieses Brot des Altares / dieser Wein des Altares sind Leib / Blut Jesu Christi" bzw. „… sind die Person Jesu Christi" verstehen, aber eben nur dann, wenn man diese nicht so interpretiert, als würden von den entsprechenden Einzelgegenständen in der üblichen, wörtlichen Weise Wesenseigenschaften ausgesagt. Darum geht es innerhalb unserer Glaubenssprache und vor allem innerhalb unseres Betens jedoch gar nicht. Hier sollen vielmehr Erfahrungen mit dem Handeln Gottes, wie anfanghaft auch immer das nur möglich sein mag, in menschlicher Sprache erfasst und mitgeteilt werden. Und solche Erfahrungen sind, wie wir an den biblischen Texten gesehen haben, immer Begegnungen zwischen Freunden, anders gesagt: zwischen Liebenden.

In solchen Erfahrungen werden, wie in der eingangs des Kapitels zitierten Passage aus dem Brief Graf von Moltkes an seine Frau, Menschen zum „13. Kapitel des Korintherbriefes", in dem davon die Rede ist, dass die Liebe das Höchste in der Welt darstellt, und gewöhnliche Ereignisse zu Feuersäulen und Wolken: zu Zeichen der Gegenwart Gottes. In alltäglichen, ansonsten als völlig gewöhnlich beurteilten Sachverhalten und vor allem in der

Liebesbeziehung zu einem anderen Menschen erkennt der zum Tode Verurteilte Gott. Und diese Begegnungen mit der Ewigkeit beurteilt er so, dass sie nicht auf menschliches Handeln zurückführbar sind. Gott selber dokumentiert sich in einer Erfahrung seiner Nähe mitten in Raum und Zeit, kurz: er offenbart sich den Menschen, und diese Ereignisse durchbrechen die Schöpfungsordnung in solchem Maß, dass der Mensch, dass seine Lebenswelt buchstäblich erschüttert wird.

Fassen wir unsere recht verzweigten Überlegungen zusammen:

Die Glaubensüberzeugung, dass Jesus Christus nach dem Eucharistischen Hochgebet über die Gaben von Brot und Wein in den Mahlelementen wahrhaft gegenwärtig ist, hat die Theologie in der Transsubstantiationslehre mit Argumenten zu entfalten gesucht. Diese Lehre sagt im Wesentlichen:

– Jesu eucharistische Gegenwart beruht ganz und gar auf einem Gnadenhandeln Gottes und ist nur auf dem Hintergrund der entsprechenden Handlungen Jesu im Abendmahlssaal im Glauben erfahrbar.

– Dementsprechend ist die Veränderung, die Brot und Wein zu Zeichen der Gegenwart Jesu macht, eine übernatürliche Veränderung, die außerhalb der normalen Schöpfungsordnung liegt, und deshalb nicht mit Gesichts-, Hör-, Geschmacks- oder Tastsinn wahrgenommen werden kann.

– Dennoch lässt sich mit dem Verstand erschließen, was hier geschieht. Mit den Begriffen gesagt, die der griechische Philosoph Aristoteles eingeführt hat: Nach der eucharistischen Wandlung werden von Einzelgegenständen, die vorher als Brot bzw. Wein eingeordnet wurden, andere Wesensbezeichnungen ausgesagt, nämlich dass sie Leib/Blut sind bzw., wenn man diese Ausdrücke im entsprechenden bib-

lischen Kontext liest, dass sie die Person Jesu Christi sind. Damit drücken wir aus, dass sich diese Gegenstände *substantiell* gewandelt haben, also tatsächlich nicht mehr dieselben Gegenstände sind, während allerdings ihre zufälligen Eigenschaften wie Farbe, Größe, Geschmack usw. unverändert geblieben sind.

– Die Sprache des Glaubens ist auf solche metaphorischen, bildhaften Aussagen wie „Dieses Brot ist der Leib Christi" oder „Dieser Wein ist das Blut Christi" angewiesen, um die wunderbare Vergegenwärtigung Jesu Christi, die Vergegenwärtigung von Gottes bedingungsloser Liebe zu den Menschen und seiner ganzen Schöpfung in jeder Eucharistiefeier zum Ausdruck bringen zu können.

3.3 Die eucharistische Gegenwart Jesu Christi im Gespräch zwischen den Konfessionen

? In vielen Kirchen, die sich aus der Reformation entwickelt haben, gibt es keine solche Verehrung der heiligen Eucharistie, wie sie in der katholischen Kirche praktiziert wird. Auffällig ist, dass in evangelischen Kirchen kein Tabernakel existiert, in dem man den Leib des Herrn aufbewahrt und vor dem dann auch eine Kniebeuge als Zeichen der Verehrung gemacht wird. Glauben evangelische Christen also nicht daran, dass sich in der Eucharistiefeier an Brot und Wein eine Transsubstantiation vollzieht?

Zunächst ist festzuhalten, dass das Trienter Konzil zum einen die Transsubstantiationslehre an herausragender Stelle kirchenamtlich gewürdigt hat, und zum anderen tatsächlich alle, die nicht an der wirklichen Gegenwart Jesu Christi in den eucharistischen Mahlelementen festhalten, als Irrgläubige verurteilt:

Konzil von Trient, 2. Lehrsatz über das hochheilige Eucharistiesakrament, DH 1652

Wer sagt, im hochheiligen Sakrament der Eucharistie bleibe die Substanz von Brot und Wein zugleich mit dem Leib und Blut unseres Herrn Jesus Christus bestehen, und wer jene wunderbare und einzigartige Verwandlung der ganzen Brotsubstanz in den Leib und der ganzen Weinsubstanz in das Blut leugnet, wobei nur die Gestalten von Brot und Wein bleiben – diese Wandlung nennt die katholische Kirche sehr treffend (*aptissime*) Wesensverwandlung (*transsubstantiatio*) –, der sei ausgeschlossen.

Ein zentraler Bekenntnistext der evangelischen Tradition, die Konkordienformel von 1577, lehnt die Transsubstantiationslehre hingegen mit Vehemenz ab und steht damit exemplarisch für ähnliche Positionsbestimmungen dieser Tradition:

Konkordienformel, Art. 7, Negativa

Dagegen verwerfen und verdammen wir einhellig alle nachfolgenden irrigen Artikel, die der jetzt festgesetzten Lehre, dem einfältigen Glauben und Bekenntnis vom Abendmahl Christi entgegen sind und widersprechen:
1. Die päpstliche Transsubstantiation (Wesensverwandlung), wenn im Papsttum gelehrt wird, dass Brot und Wein im heiligen Abendmahl ihre Substanz und ihr natürliches Wesen verlieren und sosehr vernichtet werden, dass sie in den Leib Christi verwandelt werden und nichts außer der äußerlichen Gestalt bleibt.

Andererseits wiederum finden sich in derselben Konkordienformel (vgl. Art. 7, Affirmativa, 1.) durchaus Aussagen zur *wesenhaften* Gegenwart Jesu Christi in der Eucharistie, ebenso wie schon in der Confessio Augustana, dem Augsburger Bekenntnis von 1555, das die seinerzeit aktuelle lutherisch-evangelische Lehre zusammenfasst:

Confessio Augustana, Art. 10, und Apologie zum Art. 10

Vom Abendmahl des Herrn wird so gelehrt, dass der wahre Leib und das wahre Blut Christi wirklich unter der Gestalt des Brotes und Weines im Abendmahl gegenwärtig ist und dort ausgeteilt und empfangen wird.

Der zehnte Artikel wurde gebilligt, in dem wir die Meinung bezeugen, dass im Abendmahl des Herrn Leib und Blut Christi wirklich und wesentlich (*vere et substantialiter*) gegenwärtig sind und dass sie mit jenen sichtbaren Elementen Brot und Wein wirklich denen, die das Sakrament empfangen, dargeboten werden.

Diese scheinbaren Widersprüche ergeben sich daraus, dass man damals – maßgeblich bedingt durch die Schärfe der Kontroversen am Beginn der Aufspaltung der einen christlichen Kirche des Abendlandes in die bis heute bestehenden Konfessionen – nicht klar genug gesehen hat, wie groß die gemeinsame Basis bezüglich der eucharistischen Gegenwart Jesu Christi im Grunde war.

Ohne dass wir hier auf Details eingehen können, lässt sich doch summarisch sagen: Vor allem der Teil der evangelischen Kirchen, die sich auf Martin Luther als maßgebliche Autorität berufen, im Prinzip aber wohl auch die reformierten Kirchen, die sich auf den Schweizer Reformator Calvin gründen, konnten der Aussage, dass „im Sakrament der heiligsten Eucharistie wahrhaft, wirklich und wesentlich der Leib und das Blut zugleich mit der Seele und der Gottheit unseres Herrn Jesus Christus und folglich der ganze Christus enthalten ist" (Trienter Konzil, Dekret über das hochheiligste Sakrament der Eucharistie, Canon 1) immer zustimmen. Das ist die entscheidende Basis! Die Frage, ob man darüber hinaus ein Konzept wie die Transsubstantiationslehre, das doch, wie wir gesehen haben, sehr eng mit einem bestimmten philosophischen Denkansatz verknüpft ist, als bestes theologisches Konzept für die Erschließung der Gegenwart Jesu Christi in den Mahlelementen der Eucharistie ansieht, ist demgegenüber eher sekundär. So spricht das Konzil auch lediglich davon, der Ausdruck „Transsubstantiation" sei „sehr geeignet", die eucharistische Wandlung zu beschreiben. Und wir haben oben gesehen, dass man den entsprechenden Überlegungen tatsächlich etwas abgewinnen kann.

Der renommierte Ökumenische Arbeitskreis evangelischer und katholischer Theologen, der seit den 60er Jahren des vorigen Jahrhunderts besteht, hat dementsprechend nach langen Konsensgesprächen 1986 festgestellt, dass die Kontroversen des 16. Jahrhunderts dann zu überwinden sind, wenn man einige Grundsätze gemeinsam anerkennt. In die Formulierungen sind teilweise Passagen aus anderen Konsenstexten eingeflossen, wie z. B. aus dem berühmten Schlussdokument eines großen ökumenischen Kongresses in Lima, der 1982 sogar eine ökumenische eucharistische Liturgie entwickelt hat:

Vgl. Lehrverurteilungen – kirchentrennend? Bd. I, 107f

(1) Dadurch, dass die eucharistischen Mahlgaben von Brot und Wein in der gottesdienstlichen Feier sakramentalen Charakter bekommen, durchlaufen sie eine Veränderung ihres Wesens: „Der an diesem Mahl und seinen Gaben von Brot und Wein in der Kraft des Heiligen Geistes durch das Wort geschehende „Wesenswandel" ist nicht mehr überholbar, er hat eschatologischen [endzeitlichen] Sinn und bezeichnet das endgültige Wesen dieser ‚Speise zum ewigen Leben'."

(2) Bestimmte Erklärungsmodelle wie z. B. die Transsubstantiationslehre können hilfreich sein, um die wirkliche Gegenwart Jesu Christi in den Mahlelementen einsichtig zu machen. Es ist aber nicht notwendig, eines dieser Modelle für das einzig sachgemäße zu halten: „Wichtig ist allerdings, dass wir der Gefahr der Verfälschung und der Verflüchtigung dieses Bekenntnisses wehren, indem wir uns ‚gemeinsam gegen eine räumliche oder naturhafte Art der Gegenwart und gegen ein rein erinnerndes oder figuratives Verständnis des Sakraments' wenden." Mit „figurativ" ist ein solches Verständnis bezeichnet, dass ein Sakrament ausschließlich als Hinweiszeichen auf eine nicht anwesende Sache versteht.

(3) Das eucharistische Mahl ist Sakrament des Leibes und Blutes Christi, und in diesem Sakrament ist Christus wirklich gegenwärtig, mit dem Fachausdruck: realpräsent: „Christus erfüllt sein Versprechen, bis zum Ende der Welt immer bei den Seinen zu sein, in vielfältiger Weise. Doch die Art der Gegenwart Christi in der Eucharistie ist einzigartig. Jesus sagte über dem Brot und dem Wein der Eucharistie: ‚Dies ist mein Leib … dies ist mein Blut'. Was Christus sprach, ist wahr, und diese Wahrheit wird jedesmal erfüllt, wenn die Eucharistie gefeiert wird. Die Kirche bekennt Christi reale, lebendige und handelnde Gegenwart in der Eucharistie." (Lima-Dokument).

(4) Das Denken kann das Geheimnis von Christi Gegenwart nicht aufheben, sondern es hilft lediglich, dieses Geheimnis immer tiefer zu erfassen: „Denn die verheißene Wirklichkeit (der Realpräsenz Jesu Christi) liegt allen Versuchen des ‚Nachdenkens' weit voraus."

Von diesen Überlegungen her ist zu der eingangs des Abschnitts gestellten Frage bezüglich bestimmter Frömmigkeitspraktiken, die sich auf die Verehrung der bleibenden Gegenwart Jesu Christi in der sakramentalen Brotsgestalt beziehen und als „typisch katholisch" gelten, Folgendes zu sagen:

- **Ob es sich bei konkreten Formen der Verehrung der Eucharistie außerhalb der heiligen Messe um angemessene Weisen handelt, sich der geheimnisvollen eucharistischen Gegenwart Jesu Christi anzunähern, mag im Einzelnen zwischen den Konfessionen durchaus umstritten sein.**
- **Ein Grundkonsens besteht jedenfalls dahingehend, dass die eucharistische Gegenwart Jesu Christi zwar primär darauf ausgerichtet ist, im gemeinsamen Verzehr der Mahlelemente im Glauben erfahren zu werden. Doch die wesentliche Verwandlung, die sich an den Gaben vollzieht, macht sie bleibend zum Leib bzw. Blut des Herrn, der sich in diesen Gaben schenkt, unverfügbar für die Menschen und auch nicht in Abhängigkeit von der Kraft ihres oft so eingeschränkten Glaubens an seine Gegenwart.**
- **Als Faustregel kann gelten: Lasst uns zunächst auf das schauen, was uns eint, und dann kann man wohl bestimmte gewachsene Traditionen und Glaubenspraktiken beim jeweils anderen akzeptieren, ohne dass man ihn deshalb verurteilen müsste.**

Auf einige praktische Fragen bezüglich des Umgangs mit der sakramentalen Brotsgestalt ist später noch einmal zurückzukommen (vgl. Kapitel 5). Jetzt wenden wir uns aber erst einmal einem weiteren Thema zu, dass zwischen den Konfessionen und auch innerhalb der katholischen Theologie zu den „heißen Eisen" gehört: dem Opfercharakter der Eucharistie.

4 Die Eucharistie – ein Opfer?

4.1 „Der eine lebt vom andern ..." – Klärung der Begrifflichkeit

Am Ende des ersten Bandes der Harry-Potter-Romane mit dem Titel „Harry Potter und der Stein der Weisen" findet sich der folgende Abschnitt, ein Gespräch zwischen dem Schulleiter der Zaubererschule Hogwards und dem kleinen Harry:

> „Dumbledore seufzte diesmal sehr tief. [...] Und Harry wusste, dass es keinen Zweck hatte zu streiten. ,Aber warum konnte Quirrell mich nicht berühren?' ,Deine Mutter ist gestorben, um dich zu retten. Wenn es etwas gibt, was Voldemort nicht versteht, dann ist es Liebe. Er wusste nicht, dass eine Liebe, die so mächtig ist, wie die deiner Mutter zu dir, ihren Stempel hinterlässt. Keine Narbe, kein sichtbares Zeichen... so tief geliebt zu werden, selbst wenn der Mensch, der uns geliebt hat, nicht mehr da ist, wird uns immer ein wenig schützen.'" [Rowling, Joanne K., Harry Potter und der Stein der Weisen. Hamburg 1998, S. 324.]

Der Kölner Kardinal Joachim Meisner hat in einem Brief an seine Mitarbeiterinnen und Mitarbeiter nachdrücklich betont, „dass der tiefste Sinn des Opfers im Licht des Neuen Testamentes die liebende Selbsthingabe" ist. [Deutsche Tagespost vom 8. Januar 2002, S. 5]. Insofern führt uns der zitierte Abschnitt aus dem Harry Potter-Roman an den Kern der Überlegungen zur christlichen Opferthematik. Die „Selbsthingabe aus Liebe" wird hier vorgeführt an Harry Potter, dem kleinen Zauberschüler, der den todbringenden Angriff des schwarzen Lord Voldemort nur deshalb überlebt, weil die Liebe seiner Mutter, die sich für ihn in den Tod hingibt, stärker ist als alle Todesmächte. So schön es sicher ist, dass Bestseller à la Harry Potter sich dem Thema: „Selbsthingabe aus Liebe" annähern, kann dies uns Christen jedoch nicht davon entbinden, uns der höchst zentralen Frage unseres christlichen Glaubens zu widmen, inwiefern der Tod Jesu für uns Rettung und Heil ist: der Frage nach dem rechten Verständnis des Todes Jesu und wie dieser Tod Jesu in der christlichen Eucharistie gefeiert wird.

Wenn „Opfer" hier gebraucht wird, geht es also um eine Liebe, die zu erlernen ist, eine Liebe, die auch vor der „Hingabe" des eigenen Lebens für den/die Geliebten nicht Halt macht. Dabei sind Begriffe wie „Opfer" und „Hingabe" aufgrund ihrer verschiedenen Verwendungsweisen durchaus erklärungsbedürftig

Wenn wir uns Gedanken darüber machen, was Opfer heute bedeuten kann, wie weit Opfer ein anthropologisches Grunddatum ist und wie weit gar von einem christlichen Opferverständnis oder sogar von der „Eucharistie als Opfer" gesprochen werden kann, müssen wir zunächst die verschiedenen Bedeutungsebenen unterscheiden.

? **Was bedeutet denn „Opfer" im Deutschen? Woher kommt der Begriff?**

Das Wort „Opfer" ist im Deutschen ein mehrdeutiger (polysemer) Begriff. Schauen wir auf unseren heutigen allgemeinen Sprachgebrauch von „Opfer" – denken wir nur an die „Opfer des 11. September", oder die „Opfer des Amok-Laufes von Erfurt" oder die „Opfer bei Verkehrsunfällen" –, so drückt der Begriff zunächst ein rein passives Erleiden eines mir von außen zugeführten Geschicks, bei dem ich keine andere Wahl habe, aus.

Schon das eingangs angeführte Beispiel aus dem Harry-Potter-Roman macht jedoch deutlich, dass es daneben auch noch ein anderes Opferverständnis gibt: Die Mutter von Harry fügt sich nicht einfach in ein Geschick, sondern sie nimmt in dem ganzen Geschehen eine höchst aktive Rolle ein, sie gibt ihr Leben hin, um ihr Kind zu beschützen. Es handelt sich um ein freiwilliges Auf-sich-nehmen, eine freiwillige, aktive Form der „Selbst-Hingabe".

Das Englische unterscheidet hier zwischen „victim" und „sacrifice". „Victim" wird im Englischen gebraucht für ein passiv erlittenes Geschehen. So spricht man z. B. von den „victims of the 11th of September". Daneben kennt die englische Sprache jedoch auch das Wort „sacrifice", das eine aktive Bedeutung hat. In der deutschen Sprache steht uns hier für beide Fälle, sowohl für die aktive wie für die passive Bedeutung, nur das Wort „Opfer" zur Verfügung.

Dass dem so ist, hat sicher mehrere Ursachen. So stammt unser deutsches Wort „opfern" etymologisch vom lateinischen „operari" (= „machen", „tun") ab. Es handelt sich dabei um eine Wortschöpfung, die sprachgeschichtlich betrachtet die inhaltliche Assoziation mit den blutigen Opfern der Germanen zunächst bewusst vermeiden wollte. Dabei ist jedoch nicht auszuschließen, dass auf der inhaltlichen Ebene, der so genannten Bedeutungsebene, auch das lateinische „offere" („darbringen") mit hineinspielt.

Die einschlägigen etymologischen Wörterbücher nennen jedenfalls für das Wort „Opfer" eine deutlich wahrnehmbare kultische Bedeutung. Hinzu kommt sicher auch als Schwierigkeit, dass sich das Wortfeld „opfern" auch im Laufe der Jahrhunderte von seiner inhaltlichen Bedeutung her stark gewandelt hat. Denn, wie die oben zitierten Beispiele („Opfer eines Verkehrsunfalles", etc.) gezeigt haben, ist in unserem heutigen kulturellen Kontext diese kultische Dimension wohl kaum noch nachvollziehbar. Sie stößt vielmehr als etwas Fremdes, Archaisierendes auf.

Dennoch wäre nach Analogien zu fragen, wenn „Opfer" heute, gänzlich unkultisch, heißt: etwas spenden, verschenken, etwas entbehren müssen – häufig negativ konnotiert. Auch „Opfer" in der Bedeutung des Verlustes des eigenen Lebens – wie etwa in den Formulierungen: „Sein Leben für das Vaterland opfern", „im Kampf für die Heimat das Blut vergießen" – erscheint nach den Erfahrungen der Gräuel des Zweiten Weltkrieges zumindest ambivalent.

 Aber ist denn das Wort „Opfer" nicht wenigstens im religiösen Kontext eindeutig?

Selbst im religiösen Gebrauch scheint „Opfer" ein sprachlich schwer „kontaminierter" Begriff zu sein: Da wird in der Fastenzeit davon gesprochen, dass man im Verzicht auf Alkohol oder Süssigkeiten ein „Fasten-Opfer" bringt. Dies wird ironisch aufgegriffen in der Floskel, dass man „auch einmal auf ein Opfer verzichten muß", und aus „Opfern" werden im Rheinland sehr schnell „Öpferchen", wobei die verniedlichende Verkleinerungsform ebenfalls ironisch beleuchtet, dass der Verzicht auf den Alkohol oder die Schokolade während der Fastenzeit doch nicht ganz auf derselben Ebene zu verorten ist wie die Hingabe des eigenen Lebens.

Und doch, negativ konnotiert oder nicht, ist das Thema Opfer präsent, nicht nur in der Literatur, wie das eingangs zitierte Beispiel aus Harry Potter belegt, sondern auch im Film, in der Musik, in der Kunst. Dabei muss es nicht einmal so offen kultische Assoziationen erwecken wie die Aktion des österreichischen Künstlers Wolfgang Flatz mit dem Titel, „Fleisch", der am 19. Juli 2001, selber aus Wundmalen an Händen und Füßen blutend, sich an einem Kran aufhängen ließ, während gleichzeitig ein totes Rind von einem Hubschrauber abgeworfen wurde und beim Aufprall explodierte (vgl. SZ vom 19. 7. 2001.)

Ähnlich spektakulär waren die an heidnische Kulte erinnernden Spektakel des österreichischen Aktionskünstlers Hermann Nitsch, der im August 1998 seine Mysterienspiele auf Schloss Prinzendorf an der Zaya abhielt und sich dabei bewusst mit der Schlachtung von Tieren, durch das Herumsuhlen im Blut, im Absingen ekstatischer Gesänge und in der Verwendung von Kirchenglocken eines (christlich?) kultischen Instrumentariums an Bildern und Metaphern bediente.

Aber abgesehen von diesen sehr bewusst provokanten Versuchen, die Opferthematik aufzugreifen bzw. die Bildsprache von Opfer besonders in ihren kultischen Aspekten zum Ausdruck zu bringen, findet sich das Thema Opfer ebenfalls allenthalben in der Tagespolitik. Wenn sich angesichts der Globalisierung die Erkenntnis verdichtet, dass das Leben des Einzelnen immer ein Leben „auf Kosten" anderer ist, dann ist hiermit ein Aspekt der Opferthematik angesprochen. Wenn etwa, ganz aktuell, die Vorschläge der diversen politischen Reform-Kommissionen zum Abbau der Arbeitslosigkeit oder zur Reform des Gesundheitswesens radikale Einschnitte fordern und an die „Opferbereitschaft" der Bevölkerung appellieren, dann wird hierin deutlich, dass die Aspekte Verzicht, Geben, Spenden, Verschenken, Weggeben wohl Grunddaten des menschlichen Lebens sind.

? **Bezeichnet „Opfer" aber nicht, trotz aller Mehrdeutig-keit, ein religionsgeschichtliches Grunddatum?**

Zunächst ist festzuhalten, dass das „Fressen und Gefressen werden" als ein unbarmherziges Naturgesetz von den Religionen in ein Ritual verwandelt wird, das die Verwobenheit von Gott und Mensch zum Ausdruck bringt. Doch neben dem Aspekt des (freiwilligen) Verzichts (um eines höheren Gutes, eines Ideals, einer Gottheit willen) hat das Opfer immer auch den Aspekt der Gewalt in sich. Der franko-amerikanische Kulturwissenschaftler René Girard beleuchtet in seinen Untersuchungen (Das Heilige und die Gewalt. Frankfurt [3]1999) die Entwicklung des Menschen vom Gewalttätigen, der bereit ist, auch andere Menschen seinen jeweiligen Gottheiten zu opfern, hin zum Menschen, der für andere Menschen Sorge trägt. Dabei betont er die enge Verbindung von Opfer und Nahrung bzw. Essen. Er unterstreicht, dass der Mensch töten muss, um Nahrung zu erlangen. Denn Menschen essen Fleisch, obwohl das Verdauungssystem des Menschen und seine biologische Ausstattung gar nicht nahelegen, dass der Mensch ein Fleischfresser ist, sondern eher ein Allesfresser.

So ist das Töten des Tieres, um Nahrung zu erlangen, mit Gewalt verbunden, doch ist dieses menschliche Verhalten – so Girard – letztlich ein Gewaltersatz, denn es schützt vor der wesentlich schlimmeren Gewalttat, Menschen zu töten, Menschen zu opfern. Die Ritualisierung der Mahles, die, so Girard, im Kontext der Opferkulte entstanden ist, verdeutlicht zum einen noch einmal den Aspekt, dass der Mensch töten muss, um überleben zu können. Sie ist aber auch eine Ersatzhandlung für die Gewalt, denn in diesem Mahl versöhnen sich Menschen miteinander und drücken ihre Gemeinschaft aus.

? **Und wie ist nach diesem doch sehr vielschichtigen und mehrdeutigen Befund so etwas wie ein „christliches Opferverständnis" zu erheben?**

Die vielfältigen Verwendungen des Opferbegriffs machen deutlich, dass das Thema Opfer präsent ist in unserer Zeit. Es wird im Folgenden danach zu fragen sein, inwieweit sich ein spezifisch christliches Opferverständnis von einem allgemeinen religionsgeschichtlichen Opferverständnis unterscheidet. Hierzu werfen wir zunächst nochmals einen Blick in die Heilige Schrift, die Gründungsurkunde unseres Glaubens. Dann versuchen wir zu klären, inwieweit heute in Verantwortung vor dem Zeugnis der Schrift im christlichen Kontext noch verantwortlich von Opfer geredet werden kann. Und schließlich steht die Frage im Raum, warum und in welchem Sinn die Eucharistie ein Opfer ist. Dass die Erkenntnisse René Girards vielleicht durchaus hilfreich sein können, um sich dem christlichen Opferverständnis anzunähern, zeigt ein Text Lothar Zenettis über die Eucharistie aus dem Jahr 1971, der auch die Überschrift dieses Abschnittes ist: „Das Weizenkorn muss sterben, sonst bleibt es ja allein; der eine lebt vom andern, für sich kann keiner sein. Geheimnis des Glaubens: Im Tod ist das Leben."

4.2 „Es gibt keine größere Liebe..." – Das biblische Opferverständnis

Die frühen Christen taten sich sehr schwer, den Tod Jesu am Kreuz zu verstehen. Wir können unsere Überlgeungen, inwiefern der Tod Jesu als Opfertod verstanden werden kann, oder inwieweit die Eucharistie als ein Opfer zu verstehen ist, damit beginnen, den Verstehensbemühungen der ersten Christen zu folgen und zunächst einen Blick in das Alte Testament werfen. So wird der Kontext beleuchtet, in dem Jesus (vielleicht) selbst und doch zumindest die frühen Christen seinen Tod verstanden haben. Ein zentraler Text ist in diesem Zusammenhang Gen 22, die Opferung Isaaks durch Abraham:

Gen 22,1–13

„Nach diesen Ereignissen stellte Gott Abraham auf die Probe. Er sprach zu ihm: Abraham! Er antwortete: Hier bin ich. Gott sprach: Nimm deinen Sohn, deinen einzigen, den du liebst, Isaak, geh in das Land Morija, und bring ihn dort auf einem der Berge, den ich dir nenne, als Brandopfer dar. Frühmorgens stand Abraham auf, sattelte seinen Esel, holte seine beiden Jungknechte und seinen Sohn Isaak, spaltete Holz zum Opfer und machte sich auf dem Weg zu dem Ort, den ihm Gott genannt hatte. Als Abraham am dritten Tag aufblickte, sah er den Ort von weitem. Da sagte Abraham zu seinen Jungknechten: Bleibt mit dem Esel hier! Ich will mit dem Knaben hingehen und anbeten; dann kommen wir zu euch zurück. Abraham nahm das Holz für das Brandopfer und lud es seinem Sohn Isaak auf. Er selbst nahm das Feuer und das Messer in die Hand. So gingen beide miteinander. Nach einer Weile sagte Isaak zu seinem Vater Abraham: Vater! Er antwortete: Ja, mein Sohn! Dann sagte Isaak: Hier ist Feuer und Holz. Wo aber ist das Lamm für das Brandopfer? Abraham entgegnete: Gott wird sich das Opferlamm aussuchen, mein Sohn. Und beide gingen miteinander weiter. Als sie an den Ort kamen, den ihm Gott genannt hatte, baute Abraham den Altar, schichtete das Holz auf, fesselte seinen Sohn Isaak und legte ihn auf den Altar, oben auf das Holz. Schon streckte Abraham seine Hand aus und nahm das Messer, um seinen Sohn zu schlachten. Da rief ihm der Engel des Herrn vom Himmel her zu: Abraham, Abraham! Er antwortete: Hier bin ich! Jener sprach:

Streck deine Hand nicht gegen den Knaben aus, und tue ihm nichts zuleide! Denn jetzt weiß ich, dass du Gott fürchtest; du hast mir deinen einzigen Sohn nicht vorenthalten. Als Abraham aufschaute, sah er: Ein Widder hatte sich hinter ihm mit seinen Hörnern im Gestrüpp verfangen. Abraham ging hin, nahm den Widder und brachte ihn statt seines Sohnes als Brandopfer dar."

Der Text gehört zu den zentralen Lesungstexten der Feier der Osternacht und wird in deren Rahmen christologisch gedeutet: als Vorausbild *(Typologie)* für Jesu eigenes Sterben. Abraham, der den Willen Gottes zu erfüllen bereit ist, der seinen eigenen Sohn nicht verschonen will und dabei ist, ihn zu opfern, wird von Gott an diesem schrecklichen Vorhaben gehindert. Gott will nicht das Opfer des Sohnes, er verhindert es gar, und Abraham opfert als Zeichen seines Gehorsams gegenüber Gott schließlich einen Widder, der sich zufällig in einem Dornengestrüpp in der Nähe verfangen hat. Die christologische Deutung sieht in diesem Geschehen ein Abbild des Geschehens auf Golgota: Gott hat im Geschick Jesu von Nazaret seinen eigenen Sohn gerade nicht verschont. Joseph Ratzinger fasst diese Deutung so zusammen: „Die Vision des Lammes, die in der Isaakgeschichte auftaucht – des Lammes, das sich im Gestrüpp verfängt und den Sohn erlöst – ist wahr geworden: Der Hirt wird Lamm; er lässt sich binden und opfern, um uns frei zu machen" (Theologie der Liturgie. In: Forum Kath.Theol. 18 [2002] 7).

Der in Gen 22 ebenfalls wichtige Gedanke der Stellvertretung, also der Opferung eines Tieres anstatt eines Menschenopfers, ist auch zentral für das Verständnis der Exodus-Tradition und der jüdischen Pascha-Feier. Das Pascha-Lamm wird geopfert und erinnert so an den Herauszug des Volkes Israel aus Ägypten, an die Befreiung des Volkes aus der Knechtschaft und an das Abwenden der Tötung der Erstgeborenen durch den Würgeengel. Der Bundesschluss am Sinai schließlich (Ex 24) verdeutlicht im Zeichen des Blutes, mit dem das Volk durch Mose besprengt wird, die Verbindung Gottes mit seinem auserwählten Volk.

Noch deutlicher wird der Gedanke der Stellvertretung im Ritus des Sühnopfers am Versöhnungstag (Lev 16), an dem der Sündenbock, beladen mit der Schuld des Volkes, in die Wüste geschickt wird, während gleichzeitig der Hohe Priester in Erinnerung an den Bundesschluss am Sinai die Deckplatte der Bundeslade mit dem Blut eines geschlachteten Jungstiers bespritzt. Die Bedeutung dieses versöhnenden Stieropfers im Rahmen von Lev 16 und das Aufgreifen dieser Bilder in den neutestamentlichen Abendmahlstraditionen haben wir schon im 1. Kapitel dieses Bandes ausführlich untersucht. Der Gedanke des stellvertretenden Auf-sich-nehmens der Schuld wird in Jesaja 53, im Gottesknechtslied, wieder aufgegriffen, in dem das Opfer des Gottesknechtes verbunden wird mit der Erlösung der Vielen.

 Jes 53,4f

„Aber er hat unsere Krankheit getragen und unsere Schmerzen auf sich geladen. Wir meinten, er sei von Gott geschlagen, von ihm getroffen und gebeugt. Doch er wurde durchbohrt wegen unserer Verbrechen, wegen unserer Sünden zermalmt. Zu unserem Heil lag die Strafe auf ihm, durch seine Wunden sind wir geheilt."

Parallel zu diesem theologischen Verständnis von Opfer, das trotz aller Fort- und Weiterentwicklung, weg von einem allgemein religionsgeschichtlichen Naturalopfer, hin zu einem stark personalisierten Verständnis, immer noch eine starke kultische Komponente aufweist, entwickelt sich eine immer stärkere Kritik an jeglichem Opferkult von Seiten der Propheten und der weisheitlichen Literatur.

So klagt der Prophet Hosea in Hos 4,8 über die Priester: „Sie nähren sich von der Sünde meines Volkes und sind gierig nach seinen ruchlosen Opfern", und in Hos 6,6 heißt es: „Leben will ich, nicht Schlachtopfer, Gotteserkenntnis statt Brandopfer." Noch deutlicher wird der Prophet Amos in Kapitel 5,21:

Amos 5,21

„Ich hasse eure Feste, ich verabscheue sie und kann eure Feuer nicht riechen. Wenn ihr mir Brandopfer darbringt, ich habe kein Gefallen an euren Gaben, und eure fetten Heilsopfer will ich nicht sehen."

Den theologischen Grund für die Ablehnung des Jerusalemer Tempelkults durch die Propheten erfahren wir in den Psalmen, wo es zum Beispiel in Psalm 50,23 heißt: „Wer Opfer des Lobes bringt, ehrt mich; wer rechtschaffen lebt, dem zeig' ich mein Heil." Oder in aller Deutlichkeit in Psalm 51,18f:

Psalm 51,18f

„Schlachtopfer willst du nicht, ich würde sie dir geben; an Brandopfern hast du kein Gefallen. Das Opfer, das Gott gefällt, ist ein zerknirschter Geist, ein zerbrochenes und zerschlagenes Herz wirst du, Gott, nicht verschmähen."

Versucht man also die Entwicklung, die der Opfergedanke im Alten Testament genommen hat, in aller hier gebotenen Kürze zusammenzufassen, so lässt sich sagen:

Der Opfergedanke wurde immer stärker personalisiert und spiritualisiert.
Immer deutlicher tritt das Motiv hervor, dass es beim Opfer nicht primär um das Schlachten irgendwelcher Tiere geht, sondern dass die blutigen Tieropfer allenfalls stellvertretende Funktion haben.
Ihre stellvertretende Funktion liegt darin begründet, dass sie ein Abbild für die innere Haltung desjenigen sind (oder: sein sollten, so die prophetische Kritik), der dieses Opfer vollzieht.

Im Buch Daniel findet sich ein Abschnitt, der diesen inneren Bedeutungswandel von „Opfer" verdeutlicht:

Dan 3,38–40

„Wir haben in dieser Zeit weder Vorsteher noch Propheten und keinen, der uns anführt, weder Brandopfer noch Schlachtopfer, weder Speiseopfer noch Räucherwerk, noch einen Ort, um dir die Erstlingsgaben darzubringen und um Erbarmen zu finden bei dir. Du aber nimm uns an! Wir kommen mit zerknirschtem Herzen und demütigem Sinn. Wie Brandopfer von Widdern und Stieren, wie Tausende fetter Lämmer, so gelte heute unser Opfer vor dir und verschaffe uns bei dir Sühne. Denn wer dir vertraut, wird nicht beschämt."

Es ist also die innere Einstellung, die die Propheten einfordern. Und es liegt auf der Hand, wenn man die Entwicklung, die der Opfergedanke über die Jahrhunderte nimmt, betrachtet, dass am Ende innerhalb des Judentums das Opfer im Sinne eines kultischen Tieropfers obsolet wird. Die Psalmen machen hier deutlich, dass das Opfer des Lobes und des Dankes – als Zeichen der inneren Einstellung des Opfernden zu seinem Gott – der wichtigste Aspekt ist. Denn, so Joseph Ratzinger, es ist „[…] langsam die Einsicht gereift, dass das Gebet, das Wort, der betende und selbst Wort werdende Mensch das wahre Opfer sei." [a. a. O., 11]

Und wie hängt dieses Opferverständnis mit der Deutung des Todes Jesu im Neuen Testament zusammen?

Zunächst ist der religionsgeschichtliche Kontext zu beachten, wenn wir uns im Folgenden der Frage nähern, wie die frühen Christen Jesu Tod gedeutet haben und warum sie sich offensichtlich mit der Deutung dessen, was mit Jesus von Nazaret geschehen war, sehr schwer taten.

Die Emmaus-Geschichte in Lukas 24 berichtet davon, wie erst der auferweckte Herr „ausgehend von der Schrift und den Propheten" den verzagten Jüngern erklären musste, warum dies alles so geschehen musste. Den Jüngern liegt offensichtlich noch fern, die politisch motivierte Hinrichtung des Aufrührers aus Nazaret mit Bezug auf die Heiligen Schriften als heilbringendes Opfer zu interpretieren oder den Gedanken einer stellvetretenden Sühne zu entwickeln. Diese Erzählung des Lukas kann unter anderem als ein Reflex angesehen werden, dass das junge Christentum eine gewisse Distanz empfand zur Opferpraxis am Jerusalemer Tempel. Dies wiederum führte zu einem sehr zurückhaltenden Umgang mit der Rede vom Opfer oder der Anwendung der Opfermetapher auf den Tod Jesu.

Der Blick in das Neue Testament zeigt vielmehr, dass es eine ganze Reihe von möglichen Interpretationen gab, wie der Tod Jesu zu verstehen sei. So betont Hans Küng, dass es „[…] im Neuen Testament wie auch in der Patristik kein exklusiv normatives Deutungsmodell [gibt]. Man kennt verschiedene, mehrschichtige und ineinander übergehende Sinndeutungen." [Christ sein, München 1974, 410]. Etwa wenn es im Johannesevangelium im Kontext dessen, was die Exegeten als „hellenistische Freundschaftsethik" bezeichnen, in Joh 15 im Rahmen der Abschiedsreden heißt: „Eine größere Liebe als diese hat keiner, dass einer sein Leben gibt für seine Freunde".

Eine andere Möglichkeit, den Tod Jesu zu deuten, findet sich bei den Synoptikern, bei denen der Tod Jesu als ein typisches Beispiel für das Geschick eines Propheten gesehen wird, der von Gott gesandt und vom Volk verworfen und abgelehnt wird. So etwa in Markus 8,31, wo es heißt, dass Jesus begann, „sie darüber zu belehren, der Menschensohn müsse vieles erleiden und von den Ältesten, den Hohen Priestern und den Schriftgelehrten verworfen werden; er werde getötet, aber nach drei Tagen werde er auferstehen." Diese Tradition des „Leidenden Gerechten", die wir in Jes 53 bereits kennengelernt haben, findet sich so auch schon alttestamentlich in Nehemia 9,26–30, oder in Weisheit 2,12, wo es heißt: „Lasst uns dem Gerechten auflauern! Er ist uns unbequem und steht unserem Tun im Weg. Er wirft uns Vergehen gegen das Gesetz vor und beschuldigt uns des Verrats an unserer Erziehung". Dies greifen die Synoptiker auf und verwenden diese alttestamentlichen Schriftstellen zur Deutung des Todes Jesu, den sie als den letzten von Gott gesandten Propheten verstehen, den freilich das Volk ebenso verwirft und in seiner Verstocktheit nicht verstehen will wie die von Gott zuvor gesandten Propheten.

Erst der relativ späte Hebräerbrief bedient sich einer kultischen Sprache und deutet und erklärt in diesen kultischen Kategorien den Tod Jesu am Kreuz als einen Opfertod. Der Hebräerbrief betont jedoch auch, dass dieser Opfertod Jesu am Kreuz „ein für alle mal" geschehen sei (Hebr 10,10), womit begründet wird, dass dieses schlechthin nicht überbietbare Opfer die Opfer am Tempel überflüssig gemacht hat. In ähnlicher Weise deutet auch der Apostel Paulus in Röm 3,25 den Tod Jesu im Kontext des Geschehens am Versöhnungstag, wie wir es in Lev 16 gesehen hatten (vgl. GKL 1/S. 50), wenn er schreibt:

Röm 3,25

„Ihn hat Gott dazu bestimmt, Sühne zu leisten mit seinem Blut, Sühne wirksam durch Glauben. So erweist Gott seine Gerechtigkeit durch die Vergebung der Sünden, die früher, in der Zeit seiner Geduld, begangen wurden."

Verschiedene neutestamentliche Deutungen des Todes Jesu

„(…) sind wir durch die
Opfergabe Jesus Christi
ein für allemal geheiligt."
[Hebr]

„Zuletzt sandte er seinen Sohn zu ihnen;(…).
Als die Winzer den Sohn sahen,
sagten sie zueinander: Das ist der Erbe.
Auf, wir wollen ihn töten (…)."
[Synoptiker]

Ohne es verdient zu haben,
werden sie gerecht,
dank seiner Gnade,
durch die Erlösung in Jesus Christus.
[Paulus-Briefe]

„Es gibt keine größere Liebe,
als wenn einer sein Leben
hingibt für seine Freunde."
[Johannesevangelium]

In den Kontext dieser unterschiedlichen Deutungsmodelle des Todes Jesu gehört auch die christliche Interpretation des Gottesknechtsliedes von Jes 53, wie sie in der Liturgie des Karfreitags ihren liturgischen Raum findet: Sie sieht in Jesus den leidenden Gottesknecht, der die Schuld vieler auf sich genommen hat, um diese mit Gott zu versöhnen.

Dieser so genannte soteriologische (also: erlösungstheologische) Opferbegriff, der in Jesu Tod das „sühnende" Sterben des Einen in Stellvertretung für die Vielen sieht, ist zentral für Paulus.

Aber auch für Paulus ist ganz klar, dass es Gott ist, der diese Möglichkeit zur „Sühne", also zur Versöhnung der Menschen mit ihm und untereinander, erst eröffnet und gewährt (vgl. Kap. 1).

Die Versöhnung geht von Gott aus – nicht umgekehrt! Insofern haben wir es hier mit einem radikal gewendeten Opferverständnis zu tun! Nicht der Mensch opfert einer Gottheit, nein, Gott opfert, und zwar nicht irgendetwas, sondern er verschenkt sich selbst!

Allgemein religionsgeschichlicher Opferbegriff:	Christliches Opferverständnis:
Gottheit ↗ ↘ Mensch Mensch	Gott Gott ↘ ↗ Mensch
Prinzip: „do ut des"– Ich gebe, damit du gibst!	Radikal gewendetes Opferverständnis!
Der Mensch opfert zuerst einer Gottheit, und erwartet daraufhin eine (gnädig gestimmte, wohlwollende) Reaktion der Gottheit.	Gott gibt sich zuerst in seinem Sohn Jesus Christus den Menschen hin, „Selbsthingabe aus Liebe"; der Mensch antwortet auf dieses Heilshandeln Gottes in der Danksagung der Eucharistie.

- Wichtig ist festzuhalten, dass der Begriff „Opfer" in den neutestamentlichen Schriften ganz klar und ausschließlich für den Tod Jesu verwendet wird.
- Die Verwendung der Opferkategorie ist eine mögliche Interpretation des Todes Jesu neben anderen (Freundschaftsethik, Prophetengeschick).
- Im gesamten Neuen Testament gibt es keine Bezugsstelle, die die Eucharistie als Opfer bezeichnet.

Blicken wir nun zurück auf die verschiedenen Bedeutungsebenen bei der allgemein, umgangssprachlichen Verwendung des Begriffs Opfer, so lässt sich sagen, dass das Neue Testament einen deutlichen Akzent auf das aktive Tun desjenigen legt, der sich selbst „hingibt" oder „opfert". Es geht nicht um ein passives Geopfertwerden, sondern darum, wie schon im alttestamentlichen Opferverständnis grundgelegt, dass im Opfer eine innere Haltung zum Ausdruck gebracht wird, eine Haltung der Hingabe an Gott. „Opfer" ist somit ein höchst aktives Geschehen, das sich somit zusammenfassen lässt mit einem Begriff aus Epheser 5,2: Christliches Opfer ist „Selbsthingabe aus Liebe".

So lassen sich die verschiedenen möglichen Interpretationen des Todes Jesu, die allesamt hilfreiche Zugänge sind, um sich dem Geheimnis des Todes des Herrn anzunähern, bündeln im neutestamentlichen Begriff der „Selbsthingabe aus Liebe" oder, um noch einmal Johannes 15,13 aufzugreifen: „Eine größere Liebe als diese hat keiner, dass einer sein Leben gibt für seine Freunde."

4.3 „Tut dies zu meinem Gedächtnis ..." – Die Feier der Eucharistie, ein Opfer?

Bei dem Versuch, das biblische Verständnis von „Opfer" zu erheben, wurde deutlich, dass der Begriff „Opfer" im Neuen Testament ausschließlich zur Deutung des Todes Jesu verwendet wird. Es gibt also im gesamten Neuen Testament keine Bezugsstelle, die die Eucharistie als Opfer bezeichnet. Zentral für das biblische Verständnis von Opfer ist Epheser 5,2: Christliches Opfer ist „Selbsthingabe aus Liebe".

Ebenso eindeutig wie die Tatsache, dass für die Feier der Eucharistie im Neuen Testament der Begriff „Opfer" nicht verwendet wird, ist jedoch die Tatsache, dass bereits von frühchristlicher Zeit an die wöchentliche Feier des Herrenmahls verstanden wurde als Feier von Leiden, Tod und Auferstehung unseres Herrn Jesus

Christus. Bereits im 2. Kapitel hatten wir hinsichtlich der Entwicklung der frühchristlichen Eucharistiegebete gesehen, wie zentral das Gedächtnis, die Anamnese, des Heilshandelns Gottes in seinem Sohn Jesus Christus für das Verständnis dieser Gebetstexte ist.

Gemäß dem biblischen Gedächtnisbegriff war das frühchristliche Herrenmahl immer auch ein Gedächtnismahl des vergangenen Heilstodes Jesu, welcher durch die Feier des Gedächtnisses im Hier und Heute der jeweiligen Feier gegenwärtig wurde. So schärft schon der Apostel Paulus in 1 Kor 11,26 der Gemeinde in Korinth ein: „Denn sooft ihr von diesem Brot esst und aus dem Kelch trinkt, verkündet ihr den Tod des Herrn, bis er kommt." Im Vollzug des gemeinschaftlichen Mahles geschieht somit die erinnernde Vergegenwärtigung des Todes des Herrn, und die versammelte Gemeinde erhält Anteil an diesem historisch einmaligen Geschehen.

Wir hatten gesehen, dass zentral für das christliche Verständnis von Opfer dabei das schon erwähnte Wort von der „Selbsthingabe aus Liebe" (Eph 5,2) ist. Jesus Christus hat sich, indem er seiner Sendung bis zur letzten Konsequenz treu geblieben ist, „für uns" hingegeben. Und als ein Zeichen dieser Liebe, dieses „Für-andere-Daseins" (Proexistenz), deuten die Christen von Anbeginn jenes Tun, das seinen Anfang nahm „in der Nacht, da er verraten wurde", als der Herr Brot und Wein nahm, den Lobpreis darüber sprach und sagte: „Das ist mein Leib, der für euch hingegeben wird. (…) Das ist mein Blut, das für euch und für alle vergossen wird."

Vereinfacht gesagt: So wie das Brot zerbrochen und an die Vielen weitergereicht wird, so wie der Wein vergossen wird für die Vielen, so hat der Herr seinen Leib, ja, sich mit seiner ganzen Existenz (für uns) hingegeben, als Zeichen einer radikalen Liebe, einer Hingabe an Gott, die sich selber und ihrer Sendung treu bleibt. So lässt sich zusammenfassend sagen:

- **Die Eucharistie ist nur und ausschließlich insofern ein Opfer, als in ihr das Gedächtnis an den einmaligen Heilstod Jesu gefeiert wird und dieser Tod biblisch als Opfer bezeichnet werden kann.**
- **Die versammelte Gemeinde trägt dabei ihre Gebete, ihr Lob und ihren Dank vor das Antlitz Gottes, weshalb schon von frühester Zeit diese Feier des Gedächtnisses als ein Lob- und Dankopfer verstanden werden konnte.**

Letztlich ist jedoch vom biblischen Befund her klar, dass der Ruf in die Nachfolge Jesu, in seine Jüngerschaft, auch und gerade in jeder Feier der Eucharistie vor Augen führt, dass dies mit letzter Konsequenz zu geschehen hat.

Röm 12,1

„Gebt Euch IHM hin, mit allem, was ihr habt, mit Leib und Seele, Herz und Verstand: als lebendiges Opfer, das IHN erfreut. Geheiligt und vom Geist berührt: So soll euer Gottesdienst sein – vernünftig, weil er Gottes Willen entspricht."

So der Apostel Paulus im Römerbrief (hier in der Übersetzung von Walter Jens), eine Aufforderung, die eben letztlich nicht davor Halt macht, sein eigenes Leben auch außerhalb der gottesdienstlichen Versammlung in der Nachfolge Jesu einzusetzen und „hinzugeben", was auch die enge Verbindung von liturgischer Feier und diakonischem Tun unterstreicht (vgl. zur Verbindung von Liturgie und Leben, Kap. 1).

Wenn wir also von der Messe als einem Opfer sprechen, ist dies nicht etwa als ein eigenständiges, selbstständiges Opfer, sondern als Teilhabe an der Selbsthingabe des Herrn zu verstehen. Wir sind ja von uns aus gar nicht in der Lage, Gott ein würdiges Opfer darzubringen. Wenn wir uns also fragen, was denn nun unser Opfer, also das Opfer der Kirche ist, so kann es nicht darum gehen, die Gaben auf dem Altar zu opfern.

 Wie kommt dieses Opfer der Kirche, das Hineingenommenwerden in das einmalige Opfer Christi, in den liturgischen Texten zum Ausdruck?

Werfen wir hierzu einen Blick in unser II. Hochgebet, das auf das Eucharistiegebet der Traditio Apostolica, das wir schon aus dem 2. Kapitel kennengelernt haben, zurückgeht. Dort heißt es:

 Spezielle Anamnese des II. Hochgebets

Memores igitur mortis et resurrectionis eius, tibi, Dómine, panem vitae et calicem salutis offerimus, gratias agentes quia nos dignos habuisti astare coram te et tibi ministrare. Et supplices deprecamur ut Corporis et Sanguinis Christi participes a Spiritu Sancto congregemur in unum.	Darum, gütiger Vater, feiern wir das Gedächtnis des Todes und der Auferstehung deines Sohnes und bringen dir so das Brot des Lebens und den Kelch des Heiles dar. Wir danken dir, dass du uns berufen hast, vor dir zu stehen und dir zu dienen. Wir bitten dich: Schenke uns Anteil an Christi Leib und Blut und lass uns eins werden durch den Heiligen Geist.

Zumindest die lateinischen Texte unserer Eucharistischen Hochgebete sind hier theologisch eindeutig, wenn sie das „Opfer der Kirche" mit den Worten „memores – offerimus" zu beschreiben versuchen:

Das lateinische „memores" besagt: Unser Opfer, das Opfer der Kirche, ist es, dass wir das Gedächtnis von Leiden, Tod und Auferstehung Jesu Christi feiern. In dieser Gedächtnisfeier des Paschamysteriums Christi, so Joseph Ratzinger, „bedarf [es] des Mittlers [Jesus Christus], der in seinem Tod und seiner Auferstehung uns zum Weg wird, uns alle an sich zieht und so erhöht (Joh 12,32)." [a. a. O. 9]

Und „offerimus" meint: Unser Opfer, das Opfer der Kirche, ist auch, dass wir uns von dem Opfer Jesu Christi erfassen lassen, uns in seine Hingabebewegung zum Vater einbeziehen lassen und so mit unserem Herrn Jesus Christus zu einer lebendigen Opfergabe werden: zum Lobpreis seiner Herrlichkeit (Eph 1,12.14).

Dabei – so hatten wir bei Paulus in Röm 12,1 schon gesehen – beschränkt sich dieses „Sich-einbeziehen-lassen" in die Hingabe Jesu zum Vater keineswegs auf den Rahmen der gottesdienstlichen Feier. Zwar ist diese, wie das letzte Konzil in der Liturgiekonstitution sagt (SC, Art. 10), der „Höhepunkt" allen kirchlichen Tuns, aber eben auch „Quelle" für den „Gottesdienst des Lebens", für ein Leben in der Nachfolge des Herrn. So durchdringen sich bei der Frage nach dem „Opfer der Kirche" Liturgie und (eucharistische) Ethik, „lex orandi" und „lex agendi", das Gesetz des Betens und das Gesetz des Handelns, der gefeierte und der gelebte Glaube.

? **Wie verhält es sich aber mit den deutschsprachigen liturgischen Texten? Sind diese theologisch genauso eindeutig?**

Leider sind nicht alle im deutschen Sprachgebiet approbierten Eucharistischen Hochgebete in ihren Formulierungen zur Opferthematik sprachlich so eindeutig wie die lateinischen Vorlagen. Im IV. Hochgebet heißt es etwa:

> „So bringen wir dir seinen Leib und sein Blut dar, das Opfer, das dir wohlgefällt und der ganzen Welt Frieden und Heil bringt."

Und an Missverständlichkeit kaum noch zu übertreffen heißt es im „Hochgebet für die Messfeier mit Gehörlosen":

> „Ja, heiliger Vater, wir denken jetzt an den Tod und die Auferstehung deines Sohnes Jesus Christus und opfern dir seinen Leib und sein Blut."

Die Kritik der Reformatoren hat im 16. Jahrhundert zu Recht immer wieder darauf hingewiesen, dass es bei der Rede von der Eucharistie als Opfer niemals darum gehen kann, dass die Kirche zu einem eigenmächtigen Subjekt neben Jesus Christus wird, sodass der missverständliche Eindruck entstehen könne, die Kirche würde Jesus Christus in jeder Eucharistiefeier aufs Neue opfern. Eine Aussage, die zudem ganz klar dem biblischen Zeugnis von Hebräer 10,10 widersprechen würde, wo das „ein-für-allemal" des Opfers Jesu, seine Allgenügsamkeit und Einzigartigkeit betont wird.

Demgegenüber ist aber auch festzuhalten, dass die Kirche nicht bloß passives Objekt ist, denn dies würde ja die ebenfalls biblische Rede vom Leib Christi und seinen Gliedern und den daraus resultierenden Teilhabegedanken verneinen. Das Konzil von Trient antwortet in seinem „Dekret über das Messopfer" auf die Anfrage der Reformatoren, dass das einmalige Opfer Jesu in jeder Feier der Eucharistie „repräsentiert" (gegenwärtig gesetzt), „kommemoriert" (erinnert) und „appliziert" (zugewendet) wird [DH 1739–141]. Das Opfer Jesu wird also dargestellt, indem das Gedächtnis seines Leidens, seines Todes und seiner Auferstehung gefeiert wird. Trient betont demnach ebenfalls, dass es sich bei der Feier der Eucharistie um eine Gedächtnisfeier handelt.

Das Gabengebet am Gründonnerstag, das wir auch im Vowort zu diesem Band des Grundkurses schon zitiert haben, bringt diesen Gedanken, wie ein vergangenes historisches Ereignis in der Feier des Gedächtnisses für die im „Hier und Jetzt" versammelte Gemeinde Wirklichkeit wird, so zum Ausdruck: „[…] sooft wir die Gedächtnisfeier dieses Opfers begehen, vollzieht sich an uns das Werk der Erlösung."

Somit kommt also der Kirche im eucharistischen Geschehen die Rolle eines Mediums zu: Sie verweist auf das Opfer Christi, oder wie es im III. Hochgebet heißt, „sie stellt Gott das Lamm vor Augen". Sie verweist jedoch nicht nur auf das Opfer Christi, sondern sie lässt sich von ihm erfassen und einbeziehen in seine Hingabebewegung zu Gott, dem Vater, so dass wir mit dem II. Hochgebet für die Messfeier mit Kindern beten:

> „Wir gedenken des Todes und der Auferstehung Jesu, der sich ganz dir schenkt und unsere Opfergabe sein will. Er nimmt uns mit auf den Weg zu dir."

Oder mit den Worten des „Hochgebets für die Kirche in der Schweiz":

> „Gütiger Vater, wir feiern das Gedächtnis unserer Versöhnung und verkünden das Werk deiner Liebe: Dein Sohn ist durch Leiden und Tod hinübergegangen in das neue Leben und ist auferstanden zu deiner Herrlichkeit. Schau herab auf dieses Opfer: auf Christus, der sich mit Leib und Blut hingibt und uns in seiner Hingabe den Weg öffnet zu dir, seinem Vater."

So ist das christliche Opferverständnis mit seiner Sinnspitze der „Selbsthingabe aus Liebe" ein höchst aktives Geschehen, das die Gemeinde in die Hingabebewegung Jesu Christi zum Vater mit einbezieht. Dabei bleibt es eine anspruchsvolle Aufgabe, dies in den Hochgebetestexten für die Feier der Eucharistie sprachlich umzusetzen. Diese dürfen nicht den Eindruck erwecken, die Kirche opfere in jeder Feier der Eucharistie Christus erneut. Demgegenüber fordert der „Päpstliche Rat für die Einheit der Christen" in seiner Stellungnahme zu den Ergebnissen der ökumenischen Konsenstexte aus dem Jahr 1992:

> „Aus den neu gewonnenen theologischen Einsichten bzgl. des Opfercharakters der Messe sollten auch katholischerseits Konsequenzen für eine unmissverständliche Liturgiesprache gezogen werden." [Gutachten des Einheitsrates, Studiendokument. Rom, masch. 1992, 113]

Bereits in den siebziger Jahren hatte eine Studiengruppe „Neue deutsche Hochgebete" der Liturgischen Kommissionen der

156

deutschsprachigen Bischofskonferenzen den Vorschlag gemacht, folgendermaßen zu formulieren:

> „Vater, wie du das Opfer deines Sohnes angenommen hast (annimmst), so nimm auch uns an, deine Gemeinde, die sich mit ihm zusammen dir schenkt", oder: „Höre unser Gebet, guter Vater, und nimm uns ganz an. Nimm an unsere Danksagung, nimm sie an in dem Opfer deines Sohnes, unseres Herrn Jesus Christus." [In: Gottesdienst 6 (1972) 151]

Diese Beispiele zeigen, dass es auch im Deutschen durchaus möglich ist, die komplexen biblischen Vorgaben verständlich und theologisch eindeutig in Gebetssprache umzusetzen.

Doch neben dem Problem der verbalen Kommunikation innerhalb der liturgischen Feier stellt sich auch die Frage nach der nonverbalen Kommunikation der Opferthematik. Sucht man ein Abbild des „Opfercharakters der Eucharistie" auf der Ebene des liturgischen Zeichens, so ist mit dem Ökumenischen Arbeitskreis evangelischer und katholischer Theologen [ÖAK] in aller Deutlichkeit festzuhalten, dass das „sichtbare Zeichen für die Opferhingabe Jesu Christi in der Eucharistiefeier und unser Einbezogenwerden in die Selbsthingabe [...] nicht irgendein erdachter oder konstruierter Darbringungsritus [ist], sondern das Mahl" (Das Opfer Jesu Christi, 4.3.1). Im Anbieten seiner selbst als Speise, im Zeichen des „für uns" gebrochenen Brotes, findet sich das deutlichste Abbild der „Selbsthingabe aus Liebe" unseres Herrn Jesus Christus.

? Kann man dieses liturgische Zeichen denn besonders betonen und damit hervorheben?

Die frühen Christen nannten sogar die ganze Feier der Eucharistie „Brotbrechen", weshalb in der nachkonziliaren Liturgie der Ritus der Brotbrechens betont wurde. Und es heißt in der Einführung in das Messbuch, Nr. 56 c, dass das Brechen des Brotes nicht nur eine praktische Bedeutung hat, „sondern zeigt, dass wir alle in der

Kommunion von dem einen Brot des Lebens essen, das Christus ist, und dadurch ein Leib werden" (1 Kor 10,17).

So ist es die Form des Mahles, in der die Lebenshingabe Jesu in der Feier der Eucharistie gegenwärtig wird. Indem wir uns Sonntag für Sonntag versammeln, Brot und Wein auf den Altar legen und der Priester stellvertretend für die ganze Gemeinde das große Dank- und Bittgebet spricht, feiern wir das Gedächtnis von Leiden, Tod und Auferstehung Jesu. Wir feiern das Gedächtnis seiner Lebenshingabe am Kreuz, die somit für uns im Hier und Heute gegenwärtig und als lebensrettend erfahrbar wird. Die Feier fordert aber ebenso immer wieder neu heraus, IHM nachzufolgen, sodass wir mit einem Hochgebet für die Kirche in der Schweiz wirklich zu beten vermögen: „Schau herab auf dieses Opfer: auf Christus, der sich mit Leib und Blut hingibt und uns in seiner Hingabe den Weg öffnet zu dir, seinem Vater."

Ein Hochgebet, das uns solchermaßen den Sinn der Lebenshingabe Jesu am Kreuz erschließt, kann uns „Kanon" – so ein alter Begriff für unser Hochgebet – eine „Richtschnur" sein. Es kann uns ein Kompass sein, der uns ein Leben in seiner Nachfolge weist: ein Leben in der Nachfolge dessen, der gesagt hat, dass es keine größere Liebe gibt, als sein Leben für seine Freunde hinzugeben (Joh 15,13).

5 Praktische Fragen

5.1 Der Umgang mit den zentralen liturgischen Symbolhandlungen

Es geht an dieser Stelle nun nicht darum, im Detail Tipps und Hinweise für die Gestaltung der eucharistischen Liturgie vor Ort zu geben. Aber es erscheint aufgrund des bislang Gesagten doch angeraten, drei zentrale liturgische Elemente oder Symbolhandlungen herauszustellen und zu betonen:

Den „Tisch des Gotteswortes" reicher decken – die Fülle und den Reichtum der biblischen Lesungen neu entdecken
Obwohl es eines der Hauptanliegen der Liturgiereform des II. Vatikanischen Konzils gewesen ist, die Auswahl der biblischen Lesungen anzureichern und somit, wie es das Konzil im Bild umschreibt, den „Tisch des Gotteswortes" reicher zu decken und die „Schatzkammer der Bibel" zu öffnen (SC, Art. 51), erlebt man oft genug in den Gottesdiensten eine Reduzierung der biblischen Lesungen. Oft wird argumentiert, die Fülle der Texte, die die Leseordnung für die sonntägliche Eucharistie vorsieht, sei eine Überforderung der Gemeinde. Aus „pastoralen Gründen" werden dann in einer gewissen Willkür Lesungen weggelassen, zusammengekürzt, oder gar biblische Lesungen durch freie, literarische Texte ersetzt.

Unabhängig von der Tatsache, dass es nicht im Ermessen des jeweiligen Vorstehers der Liturgie liegt, eine weltkirchlich festgelegte liturgische Ordnung nach eigenem Gutdünken auszusetzen [vgl. Enzyklika: Ecclesia de Eucharistia, Nr. 52.], bleibt eine solche Reduktion der biblischen Botschaft auch theologisch fragwürdig.

Wir haben versucht zu verdeutlichen, dass die Verkündigung der biblischen Botschaft den zentralen Hintergrund für das Verständnis dessen bildet, was wir hernach in der Eucharistie feiern:

Das Heilshandeln Gottes in seinem Sohn Jesus Christus. Wer hier kürzt oder weglässt, schmälert und reduziert diese Botschaft vom Handeln Gottes zum Heil der Welt.

Dabei läuft auch das Argument, die Länge und die Fülle der biblischen Lesungen sei eine Überforderung der Mitfeiernden ins Leere. Einmal unabhängig davon, dass es von einer gewissen Arroganz zeugt, diesen Mitfeiernden offensichtlich sehr wenig zuzutrauen, bleibt die Frage, ob es nicht durchaus dem Sinngehalt der Eucharistiefeier entspricht, dass diese sicher keine Überforderung, sehr wohl aber eine Herausforderung darstellen darf.

Ist es vor diesem Hintergrund von Gottesdienstbesuchern, die es im Alltag gewohnt sind und die Freude daran haben, zweieinhalbstündigen Kinofilmen aufmerksam zu folgen, wirklich pastoral zu viel verlangt, für ein vielleicht maximal 20-minütiges Vorlesen aus der Schrift, eine ebenso intensive Aufmerksamkeit zu wünschen?

Hinzu kommt, so haben wir schon in Band 1 des GKL erläutert, dass „actuosa participatio", die tätige Teilnahme aller Gläubigen (SC, Art. 14), im Hinblick auf den Wortgottesdienst sicher nicht bedeutet, dass jeder und jede Teilnehmer(-in) im Zuhören jeden Satz in gleicher Intensität aufnimmt.

Die Schrift, so ließe sich mit Martin Luthers bekanntem Wort sagen: „treibet Jesum Christum"; sie trifft, wie im Gleichnis vom Sämann, auf offene Ohren, auf abschweifende Gedanken, auf verstockte Herzen, wie auf sensible Zuhörer. Wo und in welcher Weise das Samenkorn Gottes im Herzen der Teilnehmenden aufgehen mag, ist zudem nicht in unser menschliches Belieben gestellt: In der Verkündigung der alttestamentlichen Lesung, des Psalms (auch er ist Verkündigung und daher nicht beliebig durch ein beliebiges Lied zu ersetzen!), der Epistel, des Rufes vor dem Evangelium und schließlich des Evangeliums wird ein großer heilsgeschichtlicher Bogen gespannt.

Begreifen wir also die Fülle der biblischen Botschaft, die uns der eucharistische Gottesdienst zu Gehör bringen will, als Bereicherung, als Chance zum Wachstum und zur Vertiefung im Glauben, und nicht als Last.

Die zentralen Zeichen der Eucharistie: Das Brotbrechen – die Kommunion von Leib und Blut Christi

Wenn die zentralen Zeichenhandlungen innerhalb der Feier der Eucharistie unser Handeln mit Brot und Wein sind, dann ist die Frage zentral: Wie gehen wir dann mit diesen Zeichen um?

Paulus schreibt:

1 Kor 10,16f

„Ist der Kelch des Segens, über den wir den Segen sprechen, nicht Teilhabe am Blut Christi? Ist das Brot, das wir brechen, nicht Teilhabe am Leib Christi? Ein Brot ist es. Darum sind wir viele ein Leib; denn wir alle haben Teil an dem einen Brot"

Wir alle essen von dem einen Brot, so sagt Paulus, doch tun wir das auch? Und gibt uns der Kelch „Teilhabe am Blut Christi", wenn wir an diesem Kelch gar keinen Anteil haben, weil wir nicht aus ihm trinken? Es geht hier ja um nichts Geringeres als die zentrale Symbolik der Eucharistiefeier: Wir alle essen von dem einen Brot und trinken aus dem einen Kelch. Die ersten Christen nannten deshalb sogar die ganze Feier: „Das Brotbrechen". Dies ist also einer der ältesten Namen für das Herrenmahl. Aber wie sollen wir erfahren, dass wir alle ein Leib sind in Jesus Christus, wenn kein Brot mehr gebrochen wird bei vorgestanzten, portionierten Oblaten als Brotersatz?

Wie ernst nehmen wir unsere eigenen Zeichen, die zentralen Zeichenhandlungen? Schon in Kapitel 4 hatten wir versucht zu verdeutlichen, wie wichtig für das Verständnis der Eucharistie als Opfer das Brotbrechen und dabei auch der Begleitgesang des „Lamm Gottes" (Agnus Dei) ist: Im Anbieten seiner selbst als Speise wird Christi Opfer auf der Ebene des liturgischen Zeichens gegenwärtig – vielleicht ist uns dies eine Motivation, das zentrale Zeichen wieder deutlicher hervorzuheben und entsprechend feiernd zu vollziehen.

Dies gilt auch für die Teilhabe am Kelch: Obwohl die liturgischen Dokumente die Kommunion unter beiderlei Gestalten ausdrücklich zulassen und ermöglichen, ist diese Vollform der Kommunion immer noch viel zu selten in den Gemeinden zu erleben. Dagegen unterstreicht ein Dokument der Deutschen Bischofskonferenz zum 40. Jahrestag der Liturgiekonstitution auch den spirituellen Gewinn einer regelmäßig in den Gemeinden geübten Praxis der Kommunion unter beiderlei Gestalten: „Die Verbindung von Kommunion und eucharistischem Opfer kann durch die Kommunion unter beiderlei Gestalten zeichenhaft besonders eindrücklich erfahren werden [...]." [Die Deutschen Bischöfe, Pastorales Schreiben: „Mitte und Höhepunkt des ganzen Lebens der christlichen Gemeinde" vom 24. Juni 2003, S. 31.] Und die Instruktion *Redemptionis Sacramentum* betont: „Um den Gläubigen die Fülle des Zeichens klarer bewusst zu machen, werden [...] auch die christgläubigen Laien zur Kommunion unter beiden Gestalten zugelassen." [Nr. 100; mit Verweis auf die genaue Regelung in den liturgischen Büchern.]

Das Wort zur Kommunionspendung im „Gottesdienstbuch" der Evangelischen Kirchen (EKD/VELKD [Evangelische Kirche Deutschlands/Vereinigte evangelisch-lutherische Kirche in Deutschland]) in Deutschland beim Empfang des Kelches lautet: „Christi Blut, für dich vergossen!" Dies ist Zuspruch und Anspruch zugleich – muten wir uns diesen Anspruch ruhig häufiger zu, um so auch den Zuspruch der Verheißung Gottes zu erfahren, der in diesen Worten und in diesem Handeln begründet liegt.

Dass es in der liturgischen Praxis auch anders geht, mag ein Blick in andere Länder zeigen: Wer schon einmal in den USA an einer römisch-katholischen Eucharistiefeier teilgenommen hat, der wird erlebt haben, wie dort in jeder noch so kleinen Gemeinde die Kelchkommunion selbstverständlich zur Feier der Eucharistie dazugehört. Auch hier kann das Argument: „Das geht doch nicht!", keine Geltung beanspruchen. Es geht immerhin um den wichtigsten Teil der eucharistischen Liturgie, welche wiederum vom II. Vatikanischen Konzil als Höhepunkt des christlichen Lebens bezeichnet wird. Sollte für diesen Höhepunkt die Bereitstellung einer genügenden Anzahl von Kelchen und die Organisation einer ausreichenden Anzahl von Kommunionhelferinnen und Kommunionhelfer nicht ein Leichtes sein?

Kommunionspendung vom Tabernakel aus – die Verdunklung eines liturgischen Zeichens

Immer wieder ist es in den Gemeinden zu erleben. Der Vorsteher der Eucharistiefeier vollzieht das Eucharistische Hochgebet über eine kleine Anzahl von bereitgestellten Hostien. Zur Kommunion werden große Speisekelche vom Tabernakel zum Altar gebracht. Das bereits zitierte Dokument der Deutschen Bischofskonferenz zum 40. Jahrestag der Liturgiekonstitution merkt hierzu an: „Die weit verbreitete Praxis, regelmäßig bei der Kommunionspendung innerhalb der Messe auf Ziborien mit bereits früher konsekrierten Hostien zurückzugreifen, steht in Spannung zu einem ausdrücklichen Wunsch in der Allgemeinen Einführung in das Römische Messbuch." [Die Deutschen Bischöfe, Pastorales Schreiben: „Mitte und Höhepunkt des ganzen Lebens der christlichen Gemeinde" vom 24. Juni 2003, Seite 31.] Dort heißt es in der AEM, Nr. 56 h: „Es ist wünschenswert, dass für die Kommunion der Gläubigen die Hostien möglichst in jeder Messe konsekriert werden […]."

Denn die liturgische Funktion des Tabernakels ist es nicht, der Ort der Kommunionspendung während der Eucharistiefeier zu sein. Sondern der Tabernakel soll, so erläutert das liturgische Buch „Kommunionspendung und Eucharistieverehrung außerhalb der Messe", ein würdiger Ort sein für die „Aufbewahrung der Eucharistie" für die „Spendung der Wegzehrung" und die Kommunion für die Kranken [vgl. AEM, Nr. 276 f.].

Auch die Liturgiekonstitution betont: „Mit Nachdruck wird jene vollkommenere Teilnahme an der Messe empfohlen, bei der die Gläubigen nach der Kommunion des Priesters aus derselben Opferfeier den Herrenleib entgegennehmen" [SC, Art. 55]. So ist mit Klemens Richter zu unterstreichen: „Es ist nicht ein und dasselbe, ob die Kommunion mit den Hostien aus der gerade gefeierten Messe oder mit denen, die aus dem Tabernakel geholt werden, empfangen wird. Die Eucharistiefeier ist ein in allen Teilen zusammengehöriges Heilsgeschehen. […] Wir haben daher kein Recht, diese Einheit des Herrenmahls ohne Not zu zerreißen" [Richter, Die Kommunion, S. 58 f.]. Ganz in diesem Sinn schärft auch die neue Instruktion „Redemptionis Sacramentum" ein, dass es wünschenswert ist, dass die Gläubigen die Kommunion „[…] in

Hostien empfangen können, die in derselben Messe konsekriert wurden" [Nr. 89].

Doch auch hier gilt ganz generell: Welche Aufmerksamkeit lassen wir diesem zentralen liturgischen Zeichen zukommen? Wie viel Zeit lassen wir uns für dieses zentrale Zeichen der Kommunion? Was sagt es über unsere Wertschätzung für die Eucharistiefeier aus, wenn die Kommunion mehr einer „Herdenfütterung" gleicht, denn der gemeinschaftlichen Teilhabe am Leib Christi? Jede Gemeinde wird hier ihren Weg finden müssen, wie sie die Gemeinschaft im Herrenmahl in der Kommunion feiert – uns geht es hier mehr um Anregungen, in welche Richtung weiterzudenken wäre, und um die Ermutigung, sich nicht von der Banalität eines: „Das geht doch nicht!", abschrecken zu lassen, wenn es um Quelle und Höhepunkt unser liturgischen Feierformen geht.

5.2 Gemeinsame Eucharistie in getrennten Kirchen?

Nicht erst der Ökumenische Kirchentag im Juni 2003 in Berlin hat die Frage der Gemeinschaft bei der Feier des Abendmahles neu in den Blick treten lassen. In vielen konfessionsverbindenden Ehen wird es immer wieder als besonderer Schmerz empfunden, dass zwei getaufte Christen, die gemeinsam ihrem Herrn Jesus Christus im Sakrament der Ehe nachfolgen, nicht auch aus jener geistlichen Quelle der Eucharistie Kraft schöpfen, ja leben können, die das II. Vatikanische Konzil als „Quelle und Höhepunkt" eines jeden christlichen Lebens bezeichnet.

Von Seiten des Lehramts der römisch-kathischen Kirche wird betont, dass die völlige Eucharistiegemeinschaft die Kirchengemeinschaft voraussetzt. Und doch: Wir hatten im 2. Kapitel bei der Untersuchung der Epiklese/des Bittteils der Eucharistischen Hochgebete gesehen, dass Christen in jeder Eucharistie darum beten, durch das Wirken des Gottesgeistes immer stärker zum einen Leib Christi zusammengefügt zu werden. Die Feier der Eucharistie setzt die Kirchengemeinschaft also nicht nur voraus, sie schafft sie zugleich auch durch die Wandlung der zum Herrenmahl Versammelten. Die Eucharistie ist „[…] nicht nur als letztes Ziel des ökumenischen Weges [zu] betrachten, sondern auch als Wegzehrung zur Stärkung auf diesem Weg" [Nocke, Eucharistie als Sakrament kirchlicher Einheit, in: Söding, Eucharistie, 138].

Damit stellt sich die Frage, ob es auf dem Weg zur vollen Kirchengemeinschaft in bestimmten näher zu definierenden Situationen nicht auch eine theologisch begründete „Eucharistische Gastfreundschaft" geben kann. Eine mögliche Perspektive mag ein Dokument aufzeigen, das vom amtierenden Erzbischof von Wien, Christoph Kardinal Schönborn, verfasst wurde. Die Äußerungen im Ökumenismusdekret „Unitatis redintegratio" (UR) des II. Vatikanischen Konzils bzw. nachkonziliar die Ausführungen des Kirchenrechtes (can. 844) und des Ökumenischen Direktoriums bzgl. der Frage der Abendmahlsgemeinschaft erscheinen sehr präzise. Liest man diese, hat man das Gefühl, dass es sich hierbei um Regeln ohne Ausnahme handelt. Anscheinend gibt es jedoch besonders bei can. 844 § 4 einen Interpretationsspielraum, was unter der „gravis necessitas", der „schweren Notlage", von der schon UR, Art. 6 spricht, zu verstehen ist. Diesen Spielraum hat der Erzbischof von Wien genutzt, wenn er schreibt:

„Herzlichen Dank für Deinen Brief vom 30. September. Um gleich zum strittigen Punkt zu kommen: Ich habe in der Frage der Kommunion-Gemeinschaft über die Konfessionsgrenzen hinweg eine ganz einfach Handregel genannt: Das Abendmahl, die eucharistischen Gaben, die uns in der Kommunion gereicht werden, sind gewissermaßen die Frucht des eucharistischen Gebetes, das auch Kanon oder Hochgebet genannt wird. In diesem stehen im Zentrum die Herabrufung des Heiligen Geistes über die Gaben und die Worte Jesu beim Abendmahl, von denen wir glauben, dass sie als geistmächtige Worte Jesu Brot und Wein in seinen Leib und sein Blut verwandeln. Das Hochgebet endet mit dem ‚durch Ihn mit Ihm und in Ihm…'. Auf dieses antwortet die ganze Gemeinde mit dem bekräftigenden und bekennenden ‚Amen'. Nun meine kleine ‚Regel': Wer das Amen zum Hochgebet ehrlichen Herzens sprechen kann, der kann auch die Frucht dieses Hochgebets, die Kommunion, ehrlichen Herzens empfangen, der kann auf das Wort des Kommunionspenders ‚der Leib Christi' mit einem ehrlichen und gläubigen ‚Amen' antworten. Und so empfehle ich immer wieder, wenn mir die Frage der Zulassung zur Kommunion in einem katholischen Gottesdienst gestellt wird, dem Betreffenden die Frage, ob er etwa zum dritten Hochgebet das ‚Amen' sprechen kann. Ich lege Dir in Fotokopie dieses Hochgebet bei, in dem deutlich der eucharistische Glaube der katholischen Kirche zum Ausdruck kommt: das Gedenken der Heilstaten Gottes, die im Opfer Jesu Christi gipfeln, die Herabrufung des Heiligen Geistes, die Darbringung des eucharistischen Opfers in der Gemeinschaft der ganzen Kirche, in der Gemeinschaft mit dem Papst und dem Ortsbischof, in der Gemeinschaft mit der Kirche der im Himmel Vollendeten, d.h. mit Maria, den Aposteln und Märtyrern und allen Heiligen, und in fürbittender Gemeinschaft mit den in Christus Entschlafenen. Dazu kommt die Glaubensüberzeugung, dass die eucharistische Gegenwart des Herrn über die Dauer der Feier hinausreicht (Tabernakel, Aufbewahrung und Verehrung der Eucharistie). Wer zu diesem großen Hochgebet das ‚Amen' sprechen kann, der kann empfangen, was in diesem Hochgebet von Gott erbeten und geschenkt wird. Ich hoffe, diese kleine Regel kann Dir persönlich für eine Klärung Deines Gewissensentscheides in dieser Sache helfen. Dazu kommt zusätzlich gewiß die

Frage der seelsorglichen Angemessenheit. Die Frage also, was der öffentliche Akt des Kommunionempfanges als Zeichen bedeutet, wie er von den Gläubigen verstanden oder vielleicht auch missverstanden wird" [Abgedruckt in: Thema Kirche 9/1999, 10].

Nun ruft Schönborn hier etwas in Erinnerung, was, wie wir im 2. Kapitel weiter oben versucht haben darzustellen, über weite Strecken der Liturgiegeschichte „oppinio communis" war: Dass nämlich der getaufte Christ durch sein „Amen" das Eucharistische Hochgebet ratifiziert. Somit gilt die von Schönborn pointiert zusammengefasste Regel: „Wer zu diesem großen Hochgebet das ‚Amen' sprechen kann, der kann empfangen, was in diesem Hochgebet von Gott erbeten und geschenkt wird." Dabei macht Schönborn letztlich von seinem Recht als Ortsbischof Gebrauch und bezieht sich auf can. 844,§4 des CIC, wo es heißt:

Can. 844, § 4 (CIC 1983)

„Wenn Todesgefahr besteht oder wenn nach dem Urteil des Diözesanbischofs bzw. der Bischofskonferenz eine andere schwere Notlage dazu drängt, spenden katholische Spender diese Sakramente erlaubt auch den übrigen nicht in der vollen Gemeinschaft mit der katholischen Kirche stehenden Christen, die einen Spender der eigenen Gemeinschaft nicht aufsuchen können und von sich aus darum bitten, sofern sie bezüglich dieser Sakramente den katholischen Glauben bekunden und in rechter Weise disponiert sind."

Auf die weiteren theologischen und kirchenrechtlichen Fragen, die sich aus der so genannten „Handregel" von Kardinal Schönborn ergeben, braucht an dieser Stelle nicht weiter eingegangen zu werden. Für unsere Überlegungen ist indes aus dem bereits Gesagten zweierlei von Bedeutung:

Der Begriff der „gravis necessitas" scheint einen gewissen Interpretationsspielraum zu bieten. Theologisch angemessener ist es, gemäß einem Vorschlag verschiedener Kirchenrechtler/-innen hier nicht von „schwerer Notlage" zu sprechen, denn es wäre auch pastoral kaum vermittelbar, eine konfessionsverbindende Ehe als eine auf Jahre angelegte „schwere Notlage" zu definieren. Der lateinische Begriff der „necessitas" bietet in der Tat Bedeutungsnuancen, die neue theologische Perspektiven eröffnen können. In der aktuellen Literatur zu dieser Frage finden sich deshalb Vorschläge, eher von einer „theologisch-dogmatischen Notwendigkeit" zu sprechen, oder zu differenzieren zwischen einer physischen Notlage (Todesgefahr), einer spirituell-moralischen Notlage (Fälle, in denen das Glaubensleben bzw. das Seelenheil gefährdet sein könnte) und einer theologisch-dogmatischen Notwendigkeit (verdeutlicht am Beispiel der konfessionsverbindenden Ehe). [Vgl. Demel, Gemeinsam zum Tisch des Herrn; Hell, Wechselseitige Anerkennung.]

Zum Zweiten zeigt die „Handregel", dass es sehr wohl auf die konkrete liturgische Feier der Eucharistie ankommt. Das Ökumenismusdekret des II. Vatikanischen Konzils nennt als ein zentrales Kriterium das „vollständige Bekenntnis des Glaubens" (UR, Art. 22). An dieser Stelle greift Schönborn das liturgiehistorisch begründete Faktum auf, dass das Eucharistische Hochgebet das eigentliche Glaubensbekenntnis der eucharistischen Liturgie darstellt: Wer zu diesem Hochgebet, das nicht umsonst „Kanon", also: Richtschnur, genannt wird, sein „Amen" zu sprechen imstande ist, der kann auch kommunizieren.

Die zentrale Frage ist also, ob das vollständige Bekenntnis des Glaubens in einer Eucharistiefeier angemessen zum Ausdruck kommt. Dabei kommt der konkreten, die eucharistische Liturgie feiernden Gemeinde vor Ort eine besondere Bedeutung zu, denn sie bildet (real-)symbolisch die konkrete Gestalt der Kirche als Ortsgemeinde ab: Jede Feiergemeinde repräsentiert die Kirche als solche. Kirche stellt sich in der Feier der Eucharistie dar und wird in dieser liturgischen Feier verwirklicht.

Reden wir aber von Liturgie, so reden wir hier zunächst von den approbierten liturgischen Büchern, in denen die Feiergestalt gleichsam in feste Formen gegossen ist und aus denen sich die Sinngestalt insofern leichter erheben lässt. Dabei ist zu beobachten, dass sich anscheinend im Bereich der Ökumene eine gemeinsame theologische Linie durchsetzt, was der Sinngehalt der eucharistischen Liturgie ist – was sich gerade auch im Eucharistiebuch der Altkatholischen Kirche und im neuen Gottesdienstbuch im Bereich der EKD/VELKD ablesen lässt. Andererseits scheint sich dieser wachsende ökumenische Konsens über die Sinngestalt nicht auch automatisch auf die Feiergestalt der Eucharistie zu erstrecken.

Wie unser Blick in die Geschichte der Entwicklung der Liturgie gezeigt hat, gab es immer schon Unterschiede im Bereich der Feiergestalt, also auf der rituellen Ebene. Schwierig wird es jedoch dann, wenn die konkrete Feier so gravierend von der jeweiligen liturgischen Ordnung abweicht, dass man von liturgischem Wildwuchs sprechen kann und muss. Vor diesem liturgischen Wildwuchs warnt auch die bereits zitierte Instruktion „Sacramentum redemptionis" aus guten theologischen Gründen, wenn es dort in Art. 4 heißt: „So kann man nicht verschweigen, dass es Missbräuche, auch sehr schwerwiegender Art, gegen das Wesen der Liturgie und der Sakramente sowie gegen die Tradition und die Autorität der Kirche gibt, die den liturgischen Feiern heute [...] nicht selten schadet."

Viel schwerer wiegt jedoch, was offenbar diesem Phänomen einer teilweise recht unbefangenen liturgischen Herumexperimentiererei zugrunde liegt: eine offensichtliche Unkenntnis darüber, was die zentrale Sinngestalt der Eucharistie ist und wie sich der Sinngehalt (das „Wesen der Liturgie") in der Feiergestalt ausdrückt. Noch einmal mit den Worten der Instruktion, Art. 9: „Sehr oft beruhen die Missbräuche auf Unkenntnis, denn meistens werden jene Dinge abgelehnt, deren tiefen Sinn man nicht erfasst [...]."

Hier bedarf es also wohl der liturgischen Fort- und Weiterbildung, der mystagogischen Vertiefung und Erschließung dessen, was in der Liturgie gefeiert wird: Was sind die positiv gefassten Kriterien für eine christliche Eucharistie? Dies scheint die zentrale Frage zu sein, denn nur dann, lässt sich ja die eingangs zitierte „Handregel" von Kardinal Schönborn zur Anwendung bringen.

 Was ist also in der Praxis zu tun?

Jenseits pauschaler Lösungsvorschläge, die an dieser Stelle nicht geboten werden können und sollen, wäre es ein Anfang, verstärkt darauf zu achten, Gebetstexte in unseren Gottesdiensten zu verwenden, die wirklich das Glaubensbewusstsein (die lex credendi) der Gemeinde zum Ausdruck bringen, die möglichst klar und unmissverständlich formuliert sind, zu denen ich „ehrlichen Herzens" mein „Amen" sprechen kann. Bei dem im 4. Kapitel zitierten „Hochgebet für die Messfeier mit Gehörlosen" dürfte es wegen der opfertheologischen Aussagen schwer fallen, ein solches aufrichtiges „Amen" zu sprechen. Die Verweigerung der Zustimmung zu solch einem Gebetstext entspringt dabei nicht irgendeiner Laune, sondern basiert auf theologischen Argumenten und Kriterien, die die kritische Diskussion nicht zu scheuen brauchen. Solche Glaubenstexte, die wirkliche Texte des Glaubens sind, wären also ein erstes Postulat – auf dass die versammelte Gemeinde der Getauften wirklich „Amen" sagen kann: So geschehe es, so ist es!

Zentral ist dann freilich die Frage: Was sind die Essentials oder, theologisch gesprochen die Konstitutiva, die unverzichtbaren Elemente, für eine christliche Feier der Eucharistie? Wir haben in den vorangegangenen Kapiteln einige benannt und wollen sie an dieser Stelle noch einmal bündelnd aufzählen:

• die Verkündigung der biblischen Texte;
• das allgemeine Gebet in den Anliegen der Welt (die Fürbitten);
• das anamnetisch-epikletische Hochgebet über Brot und Wein, ratifiziert durch das Amen der Gemeinde;
• das gemeinsame Sprechen des Herrengebetes;
• das Brechen und Austeilen des Brotes;
• das gemeinsame Trinken aus dem Kelch;
• die Sendung und Entlassung zum Dienst in der Welt.

Sollte nicht vor der durchaus ernst zu nehmenden Situation, dass generell das Glaubensbewusstsein darüber schwindet, was denn unter Eucharistie zu verstehen ist, noch stärker darauf gedrungen werden, hier eine möglichst klare Kriteriologie – auch und gerade von lehramtlicher Seite – vorzulegen?

5.3 Ausblick

Die ersten Christen nannten das zentrale Hochgebet der Eucharistiefeier „Kanon". Und so wird es auch heute noch genannt; Kanon, also eine Richtschnur, ein Kompass, der ein Leben weist in der Nachfolge des Herrn. Paulus umschreibt diesen Gedanken der Nachfolge Christi mit dem Bild des „einen Leibes mit den vielen Gliedern": „Durch den einen Geist wurden wir in der Taufe alle in einen einzigen Leib aufgenommen, Juden und Griechen, Sklaven und Freie; und alle wurden wir mit dem einen Geist getränkt. […] Ihr aber seid der Leib Christi, und jeder einzelne ist ein Glied an ihm." (1 Kor 12,13.27)

So feiern wir Eucharistie, Danksagung: in der Spannung zu wissen, dass wir bereits jetzt teilhaben an dem einen, ungeteilten Leib Christi und dennoch immer noch unterwegs sind zur vollen Gemeinschaft mit Gott dem Vater durch den Sohn im Heiligen Geist. Auf diesem Weg kann die Eucharistie Wegzehrung sein, die Liturgie eine Stärkung, Kräftigung, ja, ein Vorgeschmack der künftigen, uns erwartenden Herrlichkeit. Diese Wegzehrung kann die Eucharistie auch und gerade sein, wenn es gilt, konfessionelle Engherzigkeiten zu überwinden. Sie kann es sein auf dem mühsamen und dornigen Weg zu einer vollen Kirchengemeinschaft. Freilich nicht in beliebiger Weise: Der verstorbene frühere Bischof von Mainz, Hermann Kardinal Volk, pflegte zu sagen: Je mehr die verschiedenen christlichen Kirchen sich der Mitte ihres Glaubens gewahr werden, diese Mitte suchen und in der Liturgie dankbar lobpreisend bezeugen, umso mehr werden sie feststellen, dass es diese eine Mitte, unser Herr Jesus Christus, ist, der sie bereits jetzt eint und der ihnen gemeinsam als Gabe geschenkt ist, dass es jener Urgrund, Jesus Christus, ist, auf den sie sich stützen.

Dieses fundamentale Verwiesensein auf unseren Herrn Jesus Christus zeigt sich – so schon bei Paulus – in einer der Stiftung Jesu Christi und der apostolischen Tradition verpflichteten Feier der Eucharistie. So geben wir weiter, was auch wir empfangen haben. Dabei offenbart sich das Ziel, zu dem wir unterwegs sind, auch in der – wohl überlegt und verantwortlich praktizierten –

eucharistischen Gastfreundschaft; jenes Ziel, das wichtiger ist, als alle konfessionstrennenden Mauern: die volle Gemeinschaft mit Gott, durch seinen Sohn im Heiligen Geist.

Auf dem Weg zu diesem Ziel bedarf es – mit den Worten Dietrich Bonhoeffers – auch weiterhin aufrichtiger Gebete und verantwortlicher Taten, damit die Feier des Brotbrechens uns immer mehr zur (Kraft-)Quelle und damit auch zum Höhepunkt unseres Lebens wird – wie es das letzte Konzil gesagt hat.

Weiterführende Literatur

Liturgische Ordnungen

Römisch-katholisch

Messbuch. Für die Bistümer des deutschen Sprachgebietes. Authentische Ausgabe für den liturgischen Gebrauch. Herausgegeben im Auftrag der Bischofskonferenzen Deutschlands, Österreichs und der Schweiz sowie der Bischöfe von Luxemburg, Bozen-Brixen und Lüttich. Freiburg u. a. 1975. [vgl. auch: ²1988].

Missale Romanum. Ex decreto Sacrosancti Oecumenici Concilii Vaticani II instauratum auctoritate Pauli PP. VI promulgatum Ioannis Pauli II cura recognitum. Editio typica tertia. Rom/Vatikan 2002. [vgl. auch: Editio typica. Rom/Vatikan 1970; und: Editio typica altera. Rom/Vatikan 1975.]

Sonstige

Evangelisches Gottesdienstbuch. Agende für die Evangelische Kirche der Union und die Vereinigte Evangelisch-Lutherische Kirche Deutschlands. Herausgegeben von der Kirchenleitung der Vereinigten Evangelisch-Lutherischen Kirche Deutschlands und im Auftrag des Rates von der Kirchenkanzlei der Evangelischen Kirche der Union. Berlin 2000.

Die Feier der Eucharistie im Katholischen Bistum der Alt-Katholiken in Deutschland. Für den gottesdienstlichen Gebrauch erarbeitet durch die liturgische Kommission und herausgegeben durch Bischof und Synodalvertretung. München 1995.

Generell

Emminghaus, Johannes H. Die Messe. Wesen-Gestalt-Vollzug. Klosterneuburg ⁵1992.

Faber, Eva-Maria. Einführung in die katholische Sakramentenlehre. Darmstadt 2002, 98–121

Jilek, August. Das Brotbrechen. Eine Einführung in die Eucharistiefeier. (Kleine Liturgische Bibliothek 2). Regensburg 1994.

Messner, Reinhard. Einführung in die Liturgiewissenschaft. Paderborn 2001.

Meyer, Hans Bernhard. Eucharistie. (Gottesdienst der Kirche. Handbuch der Liturgiewissenschaft 4). Regensburg 1989.

Gottes Wort feiern. Der Wortgottesdienst der Messfeier. Erarbeitet von Eduard Nagel. (Sinn&Gestalt. Deutsches Liturgisches Institut). Trier 2000.

Mehr als Brot und Wein. Der Kommunionteil der Messfeier. Erarbeitet von Eduard Nagel. (Sinn&Gestalt. Deutsches Liturgisches Institut). Trier ²1999.

173

Söding, Thomas (Hg.). Eucharistie. Positionen katholischer Theologie. Regensburg 2002.

Verweyen, Hansjürgen. Eucharistie im Zeichen des Wartens. In: Ders. Warum Sakramente, Regensburg 2001, 60–74.

Zu Kapitel 1

Bongartz, Heinz-Günter/Steins, Georg. Österliche Lichtspuren: Alttestamentliche Wege in die Osternacht. Ein Lese- und Arbeitsbuch. München 2002, 45–57. [*Erschließt auf die Praxis hin die Exoduslesung der Osternacht und damit das Ur-Ereignis der Heilsgeschichte Israels, das wesentlicher Verstehenshintergrund für das Letzte Abendmahl Jesu ist.*

Bornkamm, Günther. Jesus von Nazareth. Stuttgart [14]1988, 135–148. [*Eines der älteren, mittlerweile zu Klassikern avancierten Jesusbücher, das aber in immer noch lesenswerter Weise die letzten Tage Jesu und die Bedeutung des Abendmahles schildert.*]

Ebner, Martin. Die Mähler Jesu im Kontext der Gleichnisse vom Säen und Ernten, Brotbacken und -schenken, Einladen und Feiern. In: Bibel und Kirche 57 (2002), 9–14. [*Kleiner, instruktiver Beitrag zur Bedeutung der Mahlpraxis Jesu für seine Sendung und Verkündigung.*]

Gnilka, Joachim. Theologie des Neuen Testaments. Neuausgabe 1999, 313–324. [*Interpretiert gut verständlich den Zusammenhang von Sündenvergebung, Fusswaschung, Taufe und Eucharistie im johanneischen Schrifttum.*]

Gnilka, Joachim. Jesus von Nazaret. Botschaft und Geschichte. Freiburg im Breisgau u.a. [3]1993, 268–318. [*Stellt das Letzte Abendmahl unter weitgehender Berücksichtigung der neueren exegetischen Diskussion in den Kontext der letzten Tage Jesu und seiner Passion (s. auch o. Bornkamm).*]

Jeremias, Joachim. Die Abendmahlsworte Jesu. Göttingen [4]1967, 79 f. [*Liefert eine Rekonstruktion des Paschamahles zur Zeit Jesu.*]

Lampe, P. Das korinthische Herrenmahl im Schnittpunkt hellenistisch-römischer Mahlpraxis und paulinischer Theologia Crucis (1 Kor, 17–34). Zeitschrift für Neutestamentliche Wissenschaft 82 (1991), 183–213. [*Liefert eine stimmige Rekonstruktion der „Krise von Korinth" und erklärt deren theologische Bedeutung.*]

Schürmann, Heinz. Jesus – Gestalt und Geheimnis. Hrsg. von Klaus Scholtissek, Paderborn 1994, 168–240.241–265. [*Arbeit zum Verständnis des Letzten Abendmahles Jesu, die zum einen Jesu Deutung seines bevorstehenden Todes zu rekonstruieren versucht, und die zum anderen einen Vergleich der Handlungsmuster des jüdischen Hausvaters bei einem abendlichen Festmahl und Jesu Handeln im Abendmahlssaal unter geschichtlichen und theologischen Gesichtspunkten anstellt.*]

Söding, Thomas. „Tut dies zu meinem Gedächtnis!" Das Abendmahl Jesu und die Eucharistie der Kirche nach dem Neuen Testament. In: Ders. (Hg.). Eucharistie. Positionen katholischer Theologie. Regensburg 2002, 11–58 [*Überblick über den aktuellen Stand der exegetischen Diskussion über das Abendmahl Jesu und dessen Verhältnis zur Eucharistie der Kirche nach dem Zeugnis des Neuen Testaments.*]

Zu Kapitel 2

Jilek, August. Das Brotbrechen. Eine Einführung in die Eucharistiefeier. (Kleine Liturgische Bibliothek 2). Regensburg 1994, bes. 19–42.

Messner, Reinhard. Einführung in die Liturgiewissenschaft. Paderborn 2001, bes. 159–168.

Meyer, Hans Bernhard. Eucharistie. (Gottesdienst der Kirche. Handbuch der Liturgiewissenschaft 4). Regensburg 1989, bes. 87–121.

Zu Kapitel 3

Moltke, Helmuth James Graf von. Letzte Briefe aus dem Gefängnis Tegel 1945. Mit einer Einführung von Freya von Moltke. Zürich 1997.

Sattler, Dorothea. Wesensverwandlung. Zur bleibenden Bedeutung der Rede von „Transsubstantiation" in einer ökumenischen Eucharistielehre. In: ThG 42 (1999), 131–142.

Stock, Alex. Poetische Dogmatik: Christologie. Bd. 3: Leib und Leben. Paderborn 1998.

Wohlmuth, Josef. Eucharistie als liturgische Feier der Gegenwart Jesu Christi. Realpräsenz und Transsubstantiation im Verständnis katholischer Theologie. In: Söding, Thomas (Hg.). Eucharistie. Positionen katholischer Theologie. Regensburg 2002, 87–119. [*Führt recht gut verständlich in die wichtigsten Aspekte der Transsubstantiationslehre, vor allem bei Thomas von Aquin, ein.*]

Winter, Stephan. Eucharistische Gegenwart. Liturgische Redehandlung im Spiegel mittelalterlicher und analytischer Sprachtheorie (Reihe ratio fidei Bd. 13), 222–230.386–390. [*Sehr wissenschaftliche Arbeit, die aber an den genannten Stellen zum einen knapp den im Text erwähnten Zweiten Abendmahlsstreit schildert und zum anderen in einer kurzen Zusammenfassung die Bedeutsamkeit bildhafter Rede für das Verständnis der eucharistischen Gegenwart Jesu Christi in den Mahlelementen herausstellt.*]

Ökumenischer Arbeitskreis evangelischer und katholischer Theologen. Lehrverurteilungen – kirchentrennend? Bd. I. Rechtfertigung, Sakramente und Amt im Zeitalter der Reformation und heute. (Dialog der Kirchen Bd. 4). Herausgegeben von K. Lehmann und W. Pannenberg. Freiburg 1986, bes. 94–113. [*Gibt den Stand der ökumenischen Diskussionen zur realen Gegenwart Jesu Christi in der Eucharistie wieder.*]

Zu Kapitel 4

Ökumenischer Arbeitskreis evangelischer und katholischer Theologen. Lehrverurteilungen – kirchentrennend? Bd. I. Rechtfertigung, Sakramente und Amt im Zeitalter der Reformation und heute. (Dialog der Kirchen Bd. 4). Herausgegeben von K. Lehmann und W. Pannenberg. Freiburg 1986, bes. 89–94.

Ökumenischer Arbeitskreis evangelischer und katholischer Theologen. Das Opfer Jesu Christi und seine Gegenwart in der Kirche. Klärungen zum Opfercharakter des Herrenmahles. (Dialog der Kirchen Bd.3). Herausgegeben von K. Lehmann und E. Schlink. Freiburg 1983.

Meyer, Hans Bernhard. Eucharistie. (Gottesdienst der Kirche. Handbuch der Liturgiewissenschaft 4). Regensburg 1989, bes. 441–459. *[Erklärung u.a. des Opfercharakters der Eucharistie mit den beiden liturgietheologischen Begriffen Sinn- und Feiergestalt.]*

Nocke, Franz-Josef. Sakramententheologie. Ein Handbuch. Düsseldorf 1997, bes. 170–176.

Schneider, Theodor. Wir sind sein Leib. Meditationen zur Eucharistie. Mainz [4]1989.

Schneider, Theodor. Zeichen der Nähe Gottes. Grundriß der Sakramententheologie. Mainz [7]1998, bes. 157–161.

Stuflesser, Martin. Memoria Passionis. Das Verhältnis von lex orandi und lex credendi am Beispiel des Opferbegriffs in den Eucharistischen Hochgebeten nach dem II. Vatikanischen Konzil. (Münsteraner Theologische Abhandlungen 51). Altenberge [2]2000. *[Ausführlichere, wissenschaftliche Arbeit, die den erreichten ökumenischen Konsens zur Opferthematik vorstellt und mit den Texten der zur Zeit verwendeten Eucharistischen Hochgebete vergleicht.]*

Zu Kapitel 5

Enzyklika: *Ecclesia de Eucharistia.* Von Papst Johannes Paul II. […] über die Eucharistie und ihre Beziehung zur Kirche. Vom 17. April 2003. (Verlautbarungen des Apostolischen Stuhls 159.)

Richter, Klemens. Die Kommunion. Gottesdienstliche Erneuerung zwischen Wirklichkeit und Anspruch. Münster 2002.

Die Deutschen Bischöfe. Pastorales Schreiben: „Mitte und Höhepunkt des ganzen Lebens der christlichen Gemeinde" vom 24. Juni 2003. (Reihe: Die Deutschen Bischöfe, Nr. 74.)

Demel, Sabine. Gemeinsam zum Tisch des Herrn? Ein theologisch-rechtliches Plädoyer zur Konkretisierung der „anderen schweren Notwendigkeit" des c. 844 § 4 CIC. In: Stimmen der Zeit 221 (2003), 663–676.

Fuchs, Guido (Hg.). sinnenfällig. Eucharistie erleben. Regensburg 2003.

Hell, Silvia. Wechselseitige Anerkennung der Taufe und die Frage der Zulassung zur Kommunion. In: Dies. / Lies, L. (Hg.). Taufe und Eucharistiegemeinschaft. Ökumenische Perspektiven und Probleme. Innsbruck 2002, 63–86.

Mehr als Brot und Wein. Der Kommunionteil der Messfeier. Erarbeitet von Eduard Nagel. (Sinn&Gestalt. Deutsches Liturgisches Institut). Trier [2]1999.

Instruktion „*Redemptionis Sacramentum* über einige Dinge bezüglich der heiligsten Eucharistie, die einzuhalten und zu vermeiden sind". Vom 25. März 2004. (Verlautbarungen des Apostolischen Stuhls 164).

Für Kapitel 1 und 3 zeichnet verantwortlich: Stephan Winter
Für Kapitel 2, 4 und 5 zeichnet verantwortlich: Martin Stuflesser